Siegfried Rabe

Reimlexikon

Siegfried Rabe

Reimlexikon

Mit vergnüglicher Dichterschule

Mit Illustrationen von Anja Güthoff

Weltbild

Impressum

Weltbild Buchverlag

Einbandgestaltung: Beatrice Schmucker, Augsburg
Titelillustration: Anja Güthoff, Augsburg
Layout und DTP: AVAK Publikationsdesign, München
Reproduktion: Repro Ludwig, Zell am See
Druck und Bindung: Offizin Andersen Nexö – ein Betrieb der INTERDRUCK Graphischer Großbetrieb GmbH, Leipzig

Printed in Germany

Gedruckt auf chlorfrei gebleichtem Papier

ISBN 3-89604-386-2

Inhalt

Reime mit Rabe

Es ist dem Reimer alles Reim

Und wäre manchmal auch derselbe
mit Mühe nur herbeizuziehn,
der Reimer forscht am Strand der Elbe
er prüft als Reim vom Ei das Gelbe,
auf jeden Fall: Er findet ihn!

Es bleibt der Reimer Herr der Lage,
er zwingt die Fliege an den Leim
und bringt mit einem kühnen Schlage –
Reim oder Nichtreim ist die Frage –
die Biene an den Honigseim.

Selbst wenn beim Tennis Reime keimen,
schlägt er nicht auf zu »Sport ist Mord« –
mit einem Ass wird Reimer reimen,
er sucht sich Boris B. in Leimen
und hat den Satzgewinn vor Ort.

Und wenn er einmal ausnahmsweise
statt Reime schlichte Prosa spricht,
auf irgendeinem Nebengleise
wird dabei reimlich still und leise
das Ungereimte zum Gedicht.

So ist es und so wird es blei'm:
Es ist dem Reimer alles Reim!

Wie reime ich besser, aktueller, origineller?

Da sag ich erst mal »Guten Tag«, ich bin Siegfried Rabe, Texter und Autor, und arbeite als »Spezialist fürs Poetische« für Film und Fernsehen, den Hörfunk und die Werbung. Ich glaube, ich habe schon als Kleinkind *Papa* und *Mama* lustvoll betont, weil sich *Vater* und *Mutter* nicht zusammenreimen. Als ich acht Jahre alt war, wurde mein erstes Gedicht veröffentlicht, ein frommes Jugendwerk für den »Kriegsruf« der Heilsarmee. Zweierlei hatte mich dazu inspiriert, mein Abendgebet und die Sorge um Herrn Fritz, meinen geliebten Dackel:

Hoch über einem Stern,
da wohnst du, lieber Gott;
ich glaube, dass dich jeder liebt
und glaube auch, dass es dich gibt.
Kann ich dich nicht mal sehen?
Die Mami sagt, das wird nicht gehen,
du hast zu tun und wenig Zeit,
auch ist der Weg zu dir zu weit.
Dann mach doch bitte meinen Hund
so schnell, wie's geht, wieder gesund.
Ich bin auch immer brav und fromm,
damit ich in den Himmel komm.
Amen

Was ist das Schönste an der Reimerei? Natürlich der Spaß an der Sache, das verlockende Spiel mit der Sprache; Gedanken formulieren, Wörter ausprobieren, so lange rumpusseln mit Silben und Sätzen, bis alles richtig sitzt und zum Gedicht geworden ist. Ich bin überzeugt, dass diese schöpferische Freude an der Poesie in vielen von uns steckt und, wo sie noch im Verborgenen blüht, nur ein bisschen wachgekitzelt werden muss. Auch deshalb habe ich dieses neue Reimlexikon geschrieben. Und es soll nicht nur neuer sein als andere, sondern auch vielfältiger durch die Auflistung neuer, aktueller Reime und vorbildlich in der Nutzanwendung durch eine leicht verständliche Anleitung und gute Beispiele aus der poetischen Praxis. Das *Reimlexikon* ist so eine Art Werkzeugkiste für Hobbypoeten und will ein richtiger Reimlustmacher sein.
Bevor ich jedoch die erlesenen Blüten meiner kostbaren Ratschläge über meine Leserschaft verstreue, möchte ich statt eines Vorworts lieber eine Vorwarnung aussprechen.

Vorsicht, Reimwut! Suchtgefahr!

Die intensive Beschäftigung mit diesem Buch führt unweigerlich hinauf zu den höheren Stufen der Dichtkunst und damit alle, die es lesen, hinab zu zwanghafter Kettenreimerei und schwer kontrollierbarer Abhängigkeit. Reimwut und Reimbesessenheit verfolgen den Dichter und die Dichterin bis tief in die schlaflosen Nächte. Denn allzu köstlich und zahlreich sind die Anregungen, ja Verlockungen, die dieses Probierbuch bereithält, als dass die interessierte Leserschaft nicht vom Reimzwang gepackt werden müsste.
Reime mit Rabe verändert das ganze Leben: Die Dinge des täglichen Bedarfs werden nur noch daraufhin angeschaut, wie gut oder schlecht sie sich reimen lassen; nette Gesten, kleine Aufmerksamkeiten oder Geschenke unserer Lieben bewerten

wir nach dem Grad ihrer Dichtbarkeit; unsere ganze Sympathie gehört den Menschen, deren Namen, Aussehen oder Tätigkeit zu einem Vierzeiler inspiriert.
Und was sind die Folgen? Nervöse Erschöpfungszustände in Beziehungskisten; spontaner Auszug des Lebenspartners; Vereinsamung durch Liebesentzug von Freunden und Bekannten; Enterbung durch böse Onkel und Tanten und schließlich Wutausbrüche unfreiwilliger Zuhörer beim Vortrag unserer Werke bis hin zu Gewaltanwendung und Gattenmord. Doch für einen geordneten Rückzug ist es bereits zu spät, der Einzug in den Kreis der Dichter beschlossene Sache, der Reimzwang hat uns gepackt. Wir werden Haus und Hof und Kind und Kegel verlassen, um mit dem Stabreim in der Hand auf Feld und Flur, bei Mann und Maus, den verstecktesten und vertracktesten Reimen nachzuspüren. Denn – »so ist es und so wird es blei'm: Es ist dem Reimer alles Reim!«

Eltern, hört auf eure Kinder!

Früher hieß es: »Wie die Alten sungen, so zwitschern die Jungen.« Heute könnten die Alten singen, was die Kids so rüberbringen: Das sind nicht mehr die vertrauten Abzähl- und Ringelreihenverse aus nie gehabter heiler Welt, sondern schräge Reime, bisweilen schroff und schrill, aber fantasievoll und rhythmisch. Da gab es zum Beispiel die zu beträchtlicher Größe angewachsene Serie von Dreizeilern:

Alle haben lange Haare;
nur nicht Thorsten,
der hat Borsten.

Alle pinkeln in die Rinne;
außer Hinne,
der sitzt drinne.

Alle rennen aus dem brennenden Haus;
bis auf Klaus,
der schaut raus.

Alle stehn am Abgrund;
bis auf Peter,
der geht noch'n Meter.

Früh übt sich … – es sind erst Anfängerstückchen, aber sie verraten Begabung und Spaß an der Freud. Bei einem Brainstorming, sprich Gedankenaustausch mit jungen Leuten, entstand kürzlich im Teamwork ein hübsches kleines Gedicht. Das Thema war »Der Hase und der Igel« in möglichst aktueller Kurzfassung. Das Ergebnis lässt sich hören:

Der Igel spricht:
»Hört mein Gedicht!
Es sitzt der kluge Igel
auf einem Ziegel
und liest ›Spiegel‹!«

Der Hase spricht:
»Ein Scheißgedicht;
ein Igelspiegelschnokus!
Ich lese ›Focus‹ –
auf dem Lokus.«

Ob alt, ob jung – fürs Poetische müssen wir die geistigen wie die hand- oder mundwerklichen Fähigkeiten in Schwung halten: Üben, üben, üben. Ein bisschen Talent ist bitte mitzubringen, ganz ohne kann es nicht gelingen, denn Poesie lässt sich nicht zwingen.
Na, wie wär's? *Bringen, gelingen, zwingen* – könnten wir uns da nicht schon einen Reim drauf machen?

Die Poesie
lässt sich nicht zwingen;
und kann dir (oder ohne »und«: kann Ihnen)
ohne dieses Buch
kein Liebeslied gelingen,
so wirst du es (oder: so werden Sie's)
mit diesem Buch
wohl auch nicht fertig bringen.

Ich habe die zweite Fassung in der *Sie*-Form nur deshalb angedeutet, weil ich immer noch nicht weiß, sag ich nun du zu Ihnen oder Sie zu dir? Ich bin fürs Du, weil das freundlicher klingt; und außerdem hat es – na ja, es hat was!

Das »Du« hat einiges für sich;
denn stell dir vor, ich duze dich,
dann stellt sich gleich der Eindruck ein,
ich würde recht gesellig sein;
nicht steif und nicht konventionell,
ein bisschen schnell eventuell,
doch Schnelligkeit wird grade jetzt
von vielen Leuten hoch geschätzt.

Sodann wird in mein Plus verbucht,
ich sei ein Mensch, der Nähe sucht,
der für Gespräche offen ist
und das, was noch zu hoffen ist.
Ein Freund der Dichtkunst, der Musik –
und so entsteht ein Mosaik
von Zuneigung und Sympathie
nur weil ich DU sag' und nicht SIE!

Einverstanden? – Gut, das wäre geklärt. Und jetzt lass dich von einer wohltuenden Erfahrung ins Reich der Poesie begleiten.

Reimen ist gar nicht so schwer!

Was die Gedichte in diesem Buch betrifft, so gibt es einige Fremdfabrikate unter ihnen von großen Vorbildern, die natürlich benannt sind, alle übrigen aber kommen aus eigener Werkstatt. Denn wenn ich behaupte, dass jeder Mensch mit etwas Talent und Sprachgefühl das Gedichtemachen lernen kann, dann muss ich dafür den Beweis antreten und mit gutem Beispiel vorangehen. Da kann ich nicht statt meinereiner immer nur die Kollegen Goethe, Schiller, Busch & Co. herbeizitieren. Fazit:

Reimen ist gar nicht so schwer,
da muss erst mal so'n Lexikon her,
wo alles schön drinsteht, so mit Witz und Geist,
»Reime mit Rabe« oder wie das Ding heißt.
Dann brauchen wir noch ein Blatt Papier,
oder sagen wir mindestens drei oder vier,
denn man übt ja noch und ist nicht gleich
Fürstin und Fürst im Dichterreich.
Und jetzt noch'n Kuli oder'n Stift
und dann schreibst du schon mal die Überschrift.
Das heißt nein! –
erst muss das Thema gefunden sein,
es braucht den stützenden Gedanken,
um den sich dann die Reime ranken.
Doch mit etwas Fantasie
weißt du bald schon was und wie.
Und das mit dem Metrum, dem Versmaß, den Zeilen,
wie wir die Silben rhythmisch verteilen,
was sich zum Daktylus sagen lässt,
und über Jambus, Trochäus und Anapäst,
über Hexa- oder Pentameter,
das kriegen wir später.
Also mach's gut oder noch besser famos,
fass erst mal Mut und dann legst du los:
Einfach drauflos fabulieren und schreiben,
und immer schön lässig dabei bleiben.
Man schreibt am besten, so wie man spricht,
nur eben in Reimen, dann wird's ein Gedicht!

Der nächste Punkt ist der Mittelpunkt: der schöpferische Gedanke, der Anlass, der dich zur dichterischen Tat treibt, kurz: das Konzept. Denn einfach drauflosschreiben und sich von Reim zu Reim schwingen wie Tarzan von Liane zu Liane, das bringt es nicht.

Der Blick ins Rabereimebuch ist tröstlich, er kann die Fantasie beflügeln, auch den Fluss der Gedanken lenken und beschleunigen, aber zuerst muss der Dichter seine Idee als das tragende Gerüst für das poetische Bauwerk hinstellen; dann erst kommen die Bausteine der kritisch ausgesuchten Wörter mit ihren schmückenden Reimen.
Doch die Reime sind nicht etwa nur eine Stukkatur der Verse oder die Zierde der Fassade, sie sind die tragenden Pfeiler für das ganze Gebäude. Die tiefere Bedeutung des Reimes hat sich Karl Kraus besonders treffend zusammengereimt:

Er ist ein Inhalt, ist kein Kleid,
das heute eng und morgen weit.
Er ist nicht Ornament der Leere,
des toten Wortes letzte Ehre.
Nicht Würze ist er, sondern Nahrung,
er ist nicht Reiz, er ist die Paarung!
Er ist das Ufer; wo sie landen,
sind zwei Gedanken einverstanden.

Achtung! – Vor den alten Meistern!

Ein sicheres Gefühl für das Reimen und seine ungeahnten Möglichkeiten entwickelst du, wenn du dir anschaust, wie es die Großen gemacht haben. Erich Kästner, Eugen Roth, Kurt Tucholsky und Fred Endrikat würden mir da einfallen, nicht zuletzt aber mein Lieblingslehrer Wilhelm Busch, von dem ich besonders viel gelernt habe.
Aber Achtung! – Gerade unseren poetischen Hausgöttern gegenüber sollten wir einen gewissen Sicherheitsabstand bewahren. Ein allzu starkes Anlehnungsbedürfnis macht sich in deinen eigenen Versen eher unangenehm bemerkbar. Im günstigsten Fall gelingt dir ein lyrischer Zweitaufguss, im

schlimmsten produzierst du Langeweile – oder unfreiwillige Komik.
Die Gefahr, lyrisch zu verunglücken, droht vor allem dann, wenn du dich treulich an die alten Meister hältst. An sich ja ein löbliches Unterfangen, doch wer heute seine Verse mit poetischen Blüten aus Goethes Botanisiertrommel schmückt, wirkt so wunderlich wie jemand, der mit einer Allongeperücke zum Bus geht.
Wenn du zeitgemäß reimst, wirst du auf alle lyrischen Leihperlen aus dem Schatzkästlein bedeutender Dichter verzichten und so unverkrampft dichten, wie dir der Poetenschnabel gewachsen ist.

Sprich ganz natürlich und fasse dich kurz

Im Prinzip haben es so ja auch viele Großmeister gehalten. Wilhelm Busch zum Beispiel. Seine Reime kommen uns ganz natürlich, geradewegs selbstverständlich entgegen. Sie wirken nie gesucht oder aufgesetzt. Und sie verknappen die Geschichte auf das Wesentliche, lassen die Dinge kurz und gut verständlich werden, durch präzise Wortwahl und klaren Satzbau. So beschreibt Wilhelm Busch die betrübliche Situation eines Mannes, dessen Liebe zu einem Mädchen unerwidert bleibt, in elf Worten:

Für manchen hat ein Mädchen Reiz,
nur bleibt die Liebe seinerseits.

Bei dem armen Mann, der sich geniert – weil unrasiert –, die unverhofft erscheinende Traumfrau in die Arme zu schließen, bringt Eugen Roth die Sache mit zehn Worten auf den Punkt:

Ein Mensch mit schlecht geschabtem Kinn
verfehlt der Stunde Glücksgewinn …

Und das Fazit:

Des Menschen Kinn ist seither glatt,
doch findet kein Besuch mehr statt!

Das heißt nun nicht, dass immer und unbedingt die Würze in der Kürze liegt, aber wenn es langatmig zu werden droht, muss ein Punkt gemacht werden. Fred Endrikat macht uns das Kunststück vor, in wenigen Zeilen eine treffsichere Charakterstudie unterzubringen:

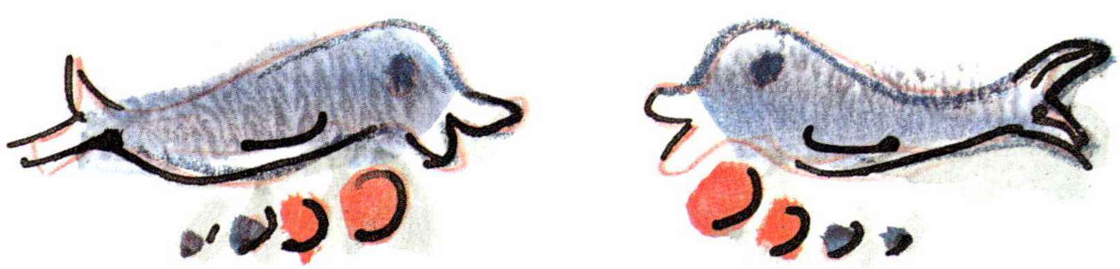

Schleppt man ein Schwein
vom Stall zur Beletage
und wickelt es in Samt
und Seide ein,
und bindet eine Maske
ihm vor die Visage,
an seinem Ringelschwanz
erkennt man doch
das Schwein.

Nehmen wir mal als Beispiel für die mögliche Verknappung eines Textes den schon leicht abgegriffenen Kalenderspruch von der halb vollen Flasche:

Da ist die Sache mit der Flasche:
Froh lügt sich einer in die Tasche,
er lebe frei und unbeschwert,
ja, geradezu beneidenswert;
Er sagt, er findet alles toll
und weiß nicht, was das Jammern soll:
»Die Flasche ist doch noch halb voll!«
Ein anderer sieht in der Flasche
nur noch ein Sinnbild für das rasche
Vergehen aller Lebenslust,
die Flucht der Freude vor dem Frust,
das große Nichts bedrückt ihn sehr
und die Erkenntnis trifft ihn schwer:
»Die Flasche ist ja schon halb leer!«

Das ist der Text in schöner Ausführlichkeit, die üppige Verpackung eines eher leichtgewichtigen Inhalts; die gute Nachricht: »Die Flasche ist noch halb voll«; die schlechte: »Die Flasche ist schon halb leer«. Also kürzen wir mal:

Pessimist sagt: »Also dann,
stoßen wir aufs Leben an –
es erinnert mich doch sehr
an die Flasche: Schon halb leer!«
Optimist sagt: »Prosit, Leute,
auf die Liebe, auf das Heute,
unser Leben ist doch toll
und die Flasche noch halb voll!«

So ist es kürzer. Auch besser? Das bleibt Geschmackssache. Es geht aber noch knapper:

Pessimist sagt: »Ist nicht fair –
blöde Flasche – schon halb leer.«
Optimist sagt: »Ist ja toll,
feine Flasche – noch halb voll!«

Natürlich bleibt die ganze Reimerei immer auch eine Stilfrage; ohne Zwang zu generell gültigen Formen. Du reimst in dem Stil, der dir zum gegebenen Anlass passend erscheint – mit Lust und Liebe, mit Herz und Schnauze, zart, frech, frivol, ironisch, ernst oder heiter – und suchst dir die passende Gedichtform dazu aus.
Gut, wenn du dabei mit dem Wörterwerkstoff sorgfältig umgehst, denn die Reime haben eine eigene Dynamik; sie bieten, ja biedern sich geradezu an, locken und verführen willfährig durch ihr bloßes Vorhandensein. Da geschieht es leicht, dass du einen nahe liegenden Reim zu bereitwillig akzeptierst, statt nach einem besseren, genaueren oder auch nur wohlklingenderen Reimwort zu suchen. Also, es heißt zwar »Reimen ist gar nicht so schwer«, aber so leicht ist es nun auch wieder nicht. Die Kraft eines Reimes kann für den Gedanken zu stark sein, zu grob, zu vordergründig, auch irreführend oder störend. Andere Reime wiederum sind zu schwach, zu farblos, der Vers bleibt nichtssagend – es reimt sich nur.
Die poetische Sprache ist kein Hilfsmaterial für das Gedicht, sondern neben dem Vater des Gedankens die Mutter seiner Existenz; sie lässt den Sprössling deiner Dichtkunst grünen und erblühen oder eingehen wie eine Primel ohne Wasser. Die Sprache gibt deinem Gedicht Glanz und Leben oder lässt es zum Versmechanismus verkommen. Dass Form und Inhalt immer übereinstimmen oder sich ergänzen müssen, was bekanntlich zweierlei ist, bleibt dabei erste Dichterpflicht.

Männlich oder weiblich? Rein oder unrein? Gebrochen, geschüttelt, gerührt oder gespalten? Über die Familie der Reime

Damit du dich in der verwirrenden Vielfalt der Reime besser zurechtfindest, möchte ich dir einige Reimarten namentlich vorstellen. Zunächst den männlichen, den weiblichen und den gleitenden Reim. Der männliche oder auch stumpfe Reim besteht aus einer einzigen betonten Silbe: *kurz/schnurz.* Der weibliche oder klingende Reim hat zwei Silben, eine betonte und eine unbetonte: *lachen/wachen.* Und der gleitende Reim wird aus drei Silben gebildet, aus einer betonten und zwei unbetonten: *handelnde/wandelnde.* Wenn sich zwei betonte Silben reimen, nennen wir das einen reichen Reim: *Wahrheit/Klarheit.* Und wenn der Reim ausnahmsweise mit einer unbetonten Silbe beginnt, spricht man von einem erweiterten Reim: *Gewalten/behalten.*

Muss man das überhaupt wissen? Nicht unbedingt. Aber es kann beim Dichten helfen, wenn man die Dinge beim Namen kennt. Es kann dich dazu anregen, Neues auszuprobieren, mit gleitenden und reichen Reimen zu spielen, sie zu schütteln und zu brechen; und vieles lässt sich einfach besser erklären. So würde ich dir empfehlen, zwischen männlichen und weiblichen Reimen abzuwechseln, dadurch vermeidest du, dass dein Gedicht eintönig wird oder leiert. Mehr dazu im Kapitel über den Rhythmus.

Reimen sich gleich zwei Wörter, heißt das Doppelreim:

Soll für dich ***Malenke singen,***
musst du ihr ***Geschenke bringen,***
sonst ist die Partie perdü.
Sie wird ohne Liebesmüh,
willst du sie mit ***Geizen reizen,***
sehr mit ihren ***Reizen geizen.***

Wenn das zweite Wort gleich bleibt, wird der Doppelreim zum gespaltenen Reim:

Kasimir, jetzt ***lass das,***
Kasimir, ich ***hass das!***

Der gespaltene sollte nicht mit dem gebrochenen Reim verwechselt werden. Bei diesem wird nämlich ein Wort auf zwei Zeilen verteilt, so wie bei dem klassischen Beispiel aus Richard Wagners »Meistersingern«:

Hans Sachs war ein Schuh-
macher und Poet dazu.

Das klingt ein wenig hingemogelt. Und so ist es nahe liegend, dass der gebrochene Reim eher in humoristischen Gedichten beheimatet ist, wie etwa bei Wilhelm Busch:

Jeder weiß, was so ein Mai-
käfer für ein Vogel sei.

Und da wir gerade bei den humoristischen Reimen sind, darf auch der beliebte Schüttelreim nicht fehlen. Er ist eine Spielart des schon erwähnten Doppelreims. In das »Malenke«-Gedicht habe ich ihn bereits eingeschmuggelt *(Geizen/reizen – Reizen/geizen)*. Für diesen bunt gemixten Wörtercocktail – geschüttelt, nicht gerührt – heißt das Rezept: Man nehme vier Silben – in Ausnahmefällen auch drei – und tausche ihre Anfangskonsonanten aus. Daraus entsteht der Schüttelreim. Aber die passenden Zutaten, sprich Verse, wollen erst einmal gefunden sein! Ein paar alte und neue Beispiele:

Schreck befiel die ***Klapperschlangen,***
als ihre Klappern ***schlapper klangen.***

Der Räuber raubt die ***Ritterbeute,***
was ihn dann später ***bitter reute.***

Und noch zwei Beispiele mit drei Silben:

Die Sonne treibt im ***Dämmerlicht***
die weißen ***Wolkenlämmer dicht.***

Und es wirft den ***Schatten weit***
der Silbermond ***von Wattenscheid.***

Als kuriosen Sonderfall gibt es noch den knappsten, den zweisilbigen Schüttelreim, der nur aus geschüttelten Silben besteht; manche behaupten, es gebe nur diesen einen: »Du bist Buddhist.« Der Berliner kennt allerdings noch einen: »Ick war Vikar.«
Von den geschüttelten zu den gerührten oder – wie man zutreffender sagt – den rührenden Reimen. Dabei werden vollkommen gleich klingende Wörter »gereimt«, also *ist* auf *isst* oder *leeren* auf *lehren.* Und es kommt auch vor, dass ein Wort auf sich selbst gereimt, sprich schlicht wiederholt wird – was zwar ein nahe liegendes, aber doch allzu einfaches Verfahren ist. Und so gelten die rührenden Reime eigentlich schon fast als ehrenrührig.
Was ist eigentlich ein reiner Reim? Ein Reim, bei dem Vokale und Konsonanten genau übereinstimmen, wie bei Füße/

Grüße. Wobei allerdings nur das Lautbild entscheidet und nicht die Schreibweise: *Stör/Malheur* ist ein reiner Reim. Und nur der reine Reim ist ein vollwertiger Reim. Unreine Reime sind mehr oder weniger schwere Verstöße gegen die Reimregel vom Gleichklang. Unreine Reime klingen nur ungefähr gleich, so wie *Füße/Wüste* oder *Straße/nasse*. Das klingt oft nicht schön. Wo immer es geht, solltest du deshalb zu reinen Reimen greifen. Anstelle *Straße* also lieber *Gasse* auf *nasse* reimen. In unserem Buch sind nur reine Reime aufgeführt. Nicht nur weil sie besser klingen, sondern weil es viel mehr unreine, misstönende und halb hingemogelte Reime gibt als die musterhaften Exemplare, die ich dir an die Hand geben möchte.

Um beim Beispiel der *Füße* zu bleiben: Reine Reime sind *büße* und die bereits erwähnten *Grüße*. An unreinen Reimen fallen mir ein: *Flüsse, ließe, Drüse, Wiese,* ja manche Dichter würden sogar nicht davor zurückschrecken, *Würste, Hüsteln, müsste* oder *Bisse* zu verwenden. Wenn wir die unreinen also aufnehmen würden, befürchte ich, dass du zwischen lauter Reimgnomen kaum noch den rechten Reim finden wirst. Manchmal lässt sich der unreime Reim aber doch nicht vermeiden. Nämlich dann, wenn das – wohlklingende – unreine Reimwort einfach das treffendere ist:

»Vortrefflich!« – ruft des Dichters Freund,
genau das, was der Dichter meint.
(W. Busch)

Ja, in diesem gar nicht so seltenen Fall haben auch die alten Meister unrein gereimt. Das trefflichste Beispiel stammt von Heinrich Heine, der ein gemütvolles Gedicht fertig bringt, das ausschließlich aus unreinen Reimen besteht:

Leise zieht durch mein Gemüt
liebliches Geläute.
Klinge, kleines Frühlingslied,
kling hinaus ins Weite.

Kling hinaus, bis an das Haus,
wo die Blumen sprießen,
wenn du eine Rose schaust,
sag, ich lass sie grüßen.

Gegenüber den reinen Exemplaren besitzt der unreine Reim immerhin zwei Vorzüge: die wesentlich größere Auswahl an Reimwörtern und die Tatsache, dass es zwar unzählige durch übermäßigen Gebrauch abgenutzte reine Reime gibt, aber noch keinen einzigen unreinen. Je näher der unreine Reim dem reinen Klang kommt, umso weniger fällt er auf. Zum Beispiel wenn ein Umlaut einen reinen Vokal ersetzt. Zum Beispiel geht *Füßchen* auf *Lieschen* eher durch, als wenn du *Badeteich* auf *Blätterteig* reimst. Und doch möchte ich dir vom Gebrauch unreiner Reime abraten. Sie klingen nämlich immer mehr oder weniger falsch. So wohltönende Verse wie von Heinrich Heine sind die Ausnahme, die Regel sind oberfaule Kompromisse, kleine Ungeheuer, die recht hingestümpert wirken. Wenn du also einem abgedroschenen Reim wie *Triebe*/*Liebe* ausweichen willst, so wähle keinen unreinen Nebenreim wie *sieben* oder *Biber,* sondern suche dir besser gleich ein ganz neues Reimpaar.

Ordnung muss sein: Das Reimklangschema

Um passable Verse zu schmieden, brauchst du nicht nur erstklassige Reimwörter, du sollst auch wissen, wo sie hingehören. In der Regel ans Zeilenende, es sei denn, du möchtest deine Leser mit einem so genannten Binnenreim erfreuen, aber das ist nur so etwas wie ein freiwilliger Zusatzsalto, eine Sonderleistung, die deine Leser nicht unbedingt erwarten. Ganz anders bei den Endreimen. Die folgen nämlich meistens einem festen Schema, an das du dich halten solltest, dem Reimklangschema.

Die einfachste Form ist die paarige Reimung, so genannt, weil immer zwei aufeinander folgende Verszeilen einen Reim ergeben. Nach dem Schema aa bb cc und so weiter. Das klingt dann etwa so:

Im Bett noch etwas Schönes lesen,
ist immer schon mein Fall gewesen;
entspannt, befreit von allen Nöten,
weilst du im Lande der Poeten,
der Krimischreiber, Dramendichter,
der Zeit- und Sensationsberichter,
und spürst froh schmökernd die Entfaltung
von Kunst, Kultur und Unterhaltung.

Eine zweite, sehr verbreitete Form ist die kreuzweise Reimung. Sie folgt dem Schema ab ab und ist meist in Vierzeiler-Versgruppen anzutreffen:

Ich möcht dir schöne Lieder schenken
und finde keine Melodie;
ich möchte dich in Versen denken,
ein Dichter sein und weiß nicht wie.
Ich möchte dir was Tolles geben,
das zu dir sagt: Ich liebe dich;
Ich suche ein Geschenk fürs Leben –
ach, weißt du was, nimm einfach mich!

Diese Form erlaubt es auch, dass sich nur die zweite und die vierte Zeile reimen. Ein ebenso zweckmäßiges wie altbewährtes Verfahren, da du dir die Hälfte der Reimsucherei sparen kannst. Das lässt den Dichter auch größere Wegstrecken reimerisch zurücklegen, wie eines der schönsten Beispiele zeigt, das Versepos »Deutschland. Ein Wintermärchen« von Heinrich Heine, bei dem die mehr als 500 Vierzeiler nach diesem Muster gestrickt sind:

Im traurigen Monat November war's,
Die Tage wurden trüber,
Der Wind riss von den Bäumen das Laub,
da reist' ich nach Deutschland hinüber.

Reimt sich die erste mit der vierten, und die zweite mit der dritten Zeile, dann haben wir die verschränkte oder umarmende Reimung, nach dem Schema ab ba:

Hell strahlt der Mond im Silberschein,
der alte Cowboy sitzt am Feuer
im Dunst von Qualm und Abenteuer,
und stählern glänzt sein schwarzes Raucherbein.
Zieh, Cowboy, sei ein Mann und zieh,
zieh dir die Lulle in die Lunge,
sei tapfer, hörst du, alter Junge,
spiel uns das Lied vom Tod in der Prärie.

Der Schweifreim wirkt auf den ersten Blick etwas komplizierter; er besteht aus sechs Zeilen, wobei die erste und die zweite, die dritte und die sechste sowie die vierte und die fünfte Zeile jeweils ein Reimpaar bilden, nach dem Schema aa bc cb. Einfacher gesagt: Der Schweifreim besteht aus einem Paarreim mit nachfolgendem verschränkten Reim:

Flocken fallen, Glocken klingen,
Engel schweben, Kinder singen,
schweigend steht der schwarze Tann;
in das helle Sternefunkeln
hört man es im Dunkeln munkeln:
»Was für'n doofer Weihnachtsmann!«

Soweit die Grundformen des Reimklangschemas. Du kannst sie ganz nach Belieben kombinieren, Schweif-, Kreuz- und Paarreime in einem einzigen Gedicht unterbringen. Es empfiehlt sich jedoch gerade bei längeren Gedichten, eine feste Abfolge beizubehalten, sonst wird das Gedicht formlos und läuft auseinander wie ein überreifer Camembert.

Strophe, Refrain, Ballade, Stanze, Lied, Sonett: Was man sich alles dichten kann

Eine bewährte Methode, Ordnung zu schaffen, ist das Dichten in Strophen. Eine Strophe besteht aus vier bis vierundvierzig Zeilen, wobei die alte Friseurregel gilt: Lieber im Ganzen etwas kürzer, wenn du den Überblick behalten willst. Darum mein Rat: Nach zehn, spätestens zwölf Zeilen sollte die Strophe enden.

Es gibt Strophen mit festem Reimklangschema, wie zum Beispiel die Stanze, ein klassischer Achtzeiler in der Form ab ab ab cc; oder die Siziliane, eine aus Sizilien stammende Variation mit nur zwei Reimen nach dem Schema ab ab ab ab.

Im Prinzip kannst du das Reimklangschema auch frei gestalten, entscheidend aber ist, dass du es in allen Strophen beibehältst, ebenso wie den Rhythmus – dazu mehr im Kapitel über die Versfüße. Wenn du ein Gedicht etwas auflockern möchtest, kannst du in regelmäßigen Abständen einen Refrain oder Kehrreim einschalten. Das sind eine, zwei oder auch mehr Zeilen, die mehr oder minder unverändert wiederholt werden. Meist bilden sie das Thema, die Kernaussage des Gedichts, während sich in den Strophen die fortlaufende Geschichte entwickelt.

Egal ob mit, ob ohne Refrain, ein gereimtes Gedicht in gleichgebauten Strophen nennen die Literaturwissenschaftler Lied, auch wenn es nicht notwendigerweise gesungen werden muss. Wenn das Lied etwas umfangreicher ausgefallen ist und eine Geschichte erzählt, nennen sie es auch Ballade. Beispiele für diese Form finden sich vor allem beim gesungenen Wort, bei Volks- und Kunstliedern, bei Chansons und Schlagern. Lassen wir uns mal den »Wanja« als Beispiel dienen, von dem Erika Pluhar ein Lied singen kann:

Keiner war so gut wie Wanja,
Mann, das war ein toller Mann!
Von den Männern, die ich kannte,
reichte keiner an ihn ran,
keiner hatte so viel Klasse, so wie er.
Dies Juwel war hochkarätig
bis zuletzt, als er verschwand,
leider nahm er meinen Schmuck mit,
was ich nicht sehr komisch fand –

Refrain: Aber einmal möchte ich ihn wiedersehn
und ich weiß genau warum.

Ach, und küssen konnte Wanja,
dass man's nicht beschreiben kann,
selbst die kleinste Atempause
war ein Tanz auf dem Vulkan,
keiner war so wild und zärtlich, so wie er.
Ja, der Wanja war was Rares,
war ein Sammlerexemplar,
leider nahm er auch mein Bares
und zwar gründlich wie er war –

Refrain: Aber einmal möchte ich ihn wiedersehn
und ich weiß genau warum.

Oh, wie lustig war's mit Wanja
und wie lässig kam er an,
ja, das war ein blitzgescheiter
hundertzehnprozentiger Mann,
keiner konnte so charmant sein, so wie er.
Ach, wie soll ich ihn vergessen
und was er mir angetan! –
denn er ging mit dieser Schnalle,
diesem Weib von nebenan –

Refrain: Und doch: Einmal möchte ich ihn wiedersehn
ach, und dann – bring ich ihn um!

Ich schätze diese Form sehr, weil sie einfach und übersichtlich, zugleich vielfältig und flexibel ist. Außerdem schafft sie eine gute Verbindung zwischen der Story, die du in deinem Gedicht erzählen willst, und dem Grundgedanken, dem du durch die Wiederholung den nötigen Nachdruck geben kannst.

Ein Klassiker unter den Scherzgedichten ist der Limerick. Dieser Fünfzeiler, als dessen Erfinder Edward Lear gilt, folgt einer äußerst strengen Form: Das Reimschema ist immer aa bb a. Der klassische Limerick ist in England beheimatet und hat eine feste Dramaturgie: Die erste Zeile stellt eine Person mit ihrem Herkunftsort vor, in der zweiten Zeile erfahren wir von irgendeiner Handlung dieser Person, die dritte und vierte Zeile führen das Geschehen näher aus, berichten oft von der wenig verständnisvollen Reaktion der Mitmenschen, und in der fünften Zeile schnappt der Limerick entweder ins Absurde über oder er kehrt inhaltlich wieder zur ersten Zeile zurück.

Es ist nicht unumstritten, ob es so etwas wie einen deutschsprachigen Limerick überhaupt geben darf, denn solche Verse des höheren Nonsens sind nun einmal »very british« und gelten als unübersetzbar. Daher würde ich dir bei den Limericks empfehlen: nicht übersetzen, selbst welche schreiben. Wie so etwas aussehen kann, zeigt ein »echt limerickscher« Geburtstagsgruß an Britta Rabe in Ahrensburg:

In Ahrensburg einsam sitzt Britta
ganz ohne den neuesten Hit da;
denn ohne »Scall One«
beißt keiner mehr an,
und das ist für Britta echt bitta.

Wer seine Mitmenschen mit einem formvollendeten Klassiker beeindrucken möchte, der schreibt ein Sonett. Die ersten Sonette sind bereits im 13. Jahrhundert am Hof von Kaiser Friedrich II. in Palermo gedichtet worden. In Deutschland mühen sich die Dichter damit seit dem 17. Jahrhundert.
Ein Sonett besteht aus vierzehn Verszeilen, die gebildet werden von zwei Vierzeilern, so genannten Quartetten, und zwei Dreizeilern, den Terzetten. Es gibt verschiedene Varianten des Reimschemas; eine der gebräuchlichsten Grundformen ist abba cddc fef. Für die beiden Dreizeiler brauchst du zweimal drei gleich klingende Versenden: *schlagen/tragen/sagen* und *Pflicht/Gedicht/nicht.* Manchmal ist es nicht so ganz einfach, einen dritten gleichwertigen Reim zu finden. Dann klingt er womöglich so, wie du ihn gefunden hast, »reichlich gesucht«. Du kannst dir ein wenig aus der Verlegenheit helfen, wenn du den schwächsten Reim an den Anfang setzt, da lässt er sich am besten verschummeln.

Der Dichter spricht: »Wohl an, es sei:
ich werde ein Sonett kreieren,
die Zeilen ganz genau strophieren
in zweimal vier und zweimal drei.

Das Versmaß kenne ich komplett,
beherrsche auch das Reimklangschema,
es fehlt nur noch ein gutes Thema,
doch das ist dein Gebiet, Sonett.

Was heißt, du hast nichts vorzuschlagen,
ist dir das Werden keine Pflicht?
Du hast Verantwortung zu tragen:

Komm, sei so nett, werd ein Gedicht!« –
Doch das Sonett, man muss schon sagen,
so nett ist es nun wieder nicht.

Vom richtigen Bau der Verszeilen

Häufig steht der Dichter vor folgendem Problem: Er hat einen Satz hingeschrieben, der ihm rundum gelungen scheint, und sucht nun nach der passenden Reimzeile. Was tut ein vernünftiger Verseschmied? Er schlägt bei »Reime mit Rabe« nach, welche Wörter sich auf die letzten Silben dieses rundum gelungenen Satzes reimen. Hat er ein oder mehrere passende Wörter gefunden, so probiert er verschiedene Sätze aus, die zwei Bedingungen erfüllen müssen: Der Rhythmus muss stimmen und das Reimwort muss am Ende stehen. Das Resultat in 99 von 100 Fällen: Der zweite Satz klingt deutlich schwächer als der erste.

Kein Wunder, er hat ja kein Eigenleben, er ist gewissermaßen nur die Ergänzungslieferung. Das Ärgerliche daran ist, dass dein Leser/Hörer merkt, wie dir beim zweiten Satz die Luft ausgegangen ist. Noch schlimmer wird die Sache, wenn du Wortstellung und Grammatik deines zweiten Satzes so lange hinbiegst, bis alles irgendwie passt. Darum mein Rat: Solange du noch keinen passablen Reim gefunden hast, solltest du nie an einzelnen Verszeilen kleben bleiben, auch wenn sie dir noch so lieb und teuer sind. Verändere die Wortstellung, soweit es die Grammatik zulässt, probiere verschiedene Varianten mit unterschiedlichen Reimen aus. Und vor allen Dingen solltest du beachten: Die zweite Zeile, die bei vielen Hobbypoeten so gesucht klingt, ist die wichtigere. Auf sie richtet sich die Aufmerksamkeit. Ein starker Abgang zählt mehr als ein toller Anlauf. Deshalb solltest du die guten – besseren – Reime, wenn möglich, immer an den Schluss packen.

Manchmal musst du aber auch einen Sprung riskieren, einen rettenden Zeilensprung, den man auf gut französisch *Enjambement* nennt, was so viel bedeutet wie Überschreitung. Das Satzgefüge greift über das Versende hinaus, es wird in der nächsten Zeile fortgeführt. Mit diesem Stilmittel kannst du dein Gedicht auflockern, was sich gerade bei längeren lyrischen Einlassungen empfiehlt. Es ergeben sich bessere Möglichkeiten zu reimen, wenn du die Vers- und Satzgrenzen überschreiten kannst. Ein begrüßenswertes Gestaltungselement.

Bonjour, Enjambement!
Ein Gedanke – im Gedränge
vorbestimmter Zeilenlänge –
will die Zeile überschreiten,
in die nächste übergleiten,
noch mal eine, vielleicht zwei,
Hauptsache, es steht ihm frei,
sich ganz zwanglos zu entfalten
und poetisch zu gestalten; –
bis er sich uneingeschränkt
wohlgereimt zu Ende denkt.

Vorsicht: Inversion, Füllwörter und das verräterische »e«!

Die so genannte Inversion, die Umkehrung der üblichen Wortstellung, ist ein gebräuchliches und völlig legitimes poetisches Stilmittel. Als »markierte« Wortstellung hat sie geradezu Signalcharakter: Hier wird Bedeutsames ausgesagt. Geschieht sie aber nur aus Bequemlichkeit oder dem Reim zuliebe, klingt es zumeist schlimm und zeugt von sträflicher Missachtung der grammatischen Gesetze. Die Inversion soll Sinn und Bedeutung beeinflussen; wie zum Beispiel: *Mir* hat er nicht geholfen! – statt: Er hat mir nicht geholfen. Durch diese Umstellung wird erkennbar, dass er anderen schon geholfen hat, aber nicht mir.

Ähnlich ist es mit dem vorangestellten Genitiv. Er kann die beabsichtigte Wirkung verstärken, sie auch poetischer einfärben, wenn du zum Beispiel sagst: *Der Wälder kahle Baumgerippe* oder *der Morgensonne wärmendes Licht,* statt Baumgerippe der Wälder und Licht der Morgensonne, wie sich das – Genitiv an die zweite Stelle – eigentlich gehört. Peinlich wird die Sache erst, wenn der vorangestellte Genitiv aufdringlich oder unpassend verwendet wird, wenn eine Banalität durch dieses Verfahren poetisch aufgedonnert werden soll: *Des Autos stotternder Motor, der Erdbeere köstliche Marmelade, des Scheibenwischers schmierige Spur* oder ähnliche Fehlgriffe. Und natürlich entwertet sich dieses Stilmittel durch häufigen Gebrauch.

Vorsicht auch bei der Verwendung von Füll- oder Flickwörtern, die gern genommen werden, um den Rhythmus zu glätten oder das Klangbild zu schönen. Da quillt dann an vielen Textstellen überflüssiges Dichtungsmaterial hervor: *auch-wohl-hier-denn-dort-mal-gar-aber* und so weiter. Solch sinnlose Wörter, die nur die Zeilen füllen, sind Wortmüll, den wir vermeiden sollten.

Zur Flickschusterei gehören auch das verräterische »e« und bestimmte Auslassungszeichen, die ein Loch im Rhythmus schließen sollen wie die Plombe einen hohlen Zahn: Das ›e‹ wird zum Beispiel dem Versmaß zuliebe eingeflickt bei steiget, wirket, nehmet, gebet u. a. Matthias Claudius möge mir verzeihen, sein zweifelsfrei wunderschönes Gedicht »Der Mond ist aufgegangen«, in dem der Wald *schweiget* und der Nebel *steiget,* bleibt außen vor. Allgemein klingt aber heute das verräterische »e« antiquiert.
Durch willkürlich platzierte Auslassungszeichen wird die Blume zur *Blum'* und die Mütze zur *Mütz'*. Das ist unschön und tut der Sprache weh. Es sollten nur solche Wörter mit einem Auslassungszeichen bedacht werden, die auch der übliche Sprachgebrauch gelegentlich »verschleift«, dann stört es weniger.

Manche dieser Unarten kannst du natürlich auch ganz bewusst einsetzen, um eine bestimmte Wirkung zu erzielen, zum Beispiel um einen altertümlichen Stil zu parodieren. Dass allerdings eine bestimmte Wirkung auch dann nicht immer erzielt wird, wenn sich der Dichter strebend drum bemüht, davon kündet ein kleines Kabinettstück aus der Werbepraxis eines Gebrauchsliteraten: Ein Vertreter für das Mundwasser »Nur ein Tropfen« (One drop only) wollte in der Weihnachtszeit im Rundfunk einen Werbespot schalten, für den er selbst den Text verfasst hatte – ein Fall für das Verfassergericht, wenn es denn so etwas gäbe. Der Text ging so:

Wenn der Weihnachtsmann
an unsre Tür tut klopfen,
was hat er dann in seinem Sack?
Auch nur ein Tropfen!

Und damit möchte ich in Abwandlung des schönen Werbespruchs »So nötig wie die Braut zur Trauung, ist Bullrich-Salz für die Verdauung« zum nächsten Thema überleiten: Ein Blütenhonig ohne Süße, das wär wie Verse ohne Füße, denn – wie schon gesagt – brauchst du für ein gelungenes Gedicht nicht nur eine Handvoll Wörter, die sich hinten reimen und die du ans Zeilenende packst; mindestens genauso wichtig ist es, dass du den richtigen Rhythmus findest. Und das ist ein Kapitel für sich.

Vom richtigen Rhythmus: Der Vers und seine Füße

Unsere Sprache besteht aus einem Wechsel von betonten und unbetonten Silben, Hebungen und Senkungen, wie man das bei einem Gedicht nennt. In der Alltagssprache reihen sich betonte und unbetonte Silben kunterbunt aneinander, bei einem Gedicht aber folgen sie normalerweise einem bestimmten Muster. Diese Muster nennt man den Rhythmus oder auch das Versmaß des Gedichts. Gebildet wird das Versmaß von den so genannten Versfüßen, den kleinsten rhythmischen Einheiten. Ein typischer Versfuß besteht zum Beispiel aus einer betonten Silbe, auf die eine unbetonte Silbe folgt. Wie etwa in dem schönen Wort Rábe. Sprachwissenschaftler nennen diesen Versfuß, der recht häufig vorkommt, Trochäus; das ist Altgriechisch und bedeutet »laufend«. Vielleicht verdankt er seinen Namen der Tatsache, dass er in vielen Gedichten laufend vorkommt, denn eigentlich gehört der Trochäus zu den fallenden Versfüßen, wie wir gleich sehen werden.
Eine Anmerkung am Rande: Die Unterscheidung zwischen betonten und unbetonten Silben ist gar nicht so selbstverständlich, wie sie vielleicht klingen mag. In anderen Sprachen

– Latein, Französisch – spielt für das Versmaß nicht die Betonung eine Rolle, sondern die Länge der Silben. Ein Trochäus wird dort aus einer langen und einer kurzen Silbe gebildet. Aber bleiben wir bei unserer Sprache: Die meisten zweisilbigen Wörter im Deutschen werden auf der ersten Silbe betont, gehören also zur großen Familie der Trochäen. Neben zahllosen anderen sind das Sonne, Kutsche, mancher, Leder, und auch Siegfried. Mein Name besteht demnach aus zwei Trochäen, für einen geübten Dichter schon eine kleine Verszeile:

Siegfried Rabe
sagt, er habe
eine Gabe
für die Dichtung
jeder Richtung.
Er mixt Schnelles,
Träges, Helles,
Dunkles, Schlechtes
Linkes, Rechtes,
hoch und niedrig,
schön und widrig.
Immer wieder
neu geschichtet,
auf und nieder
umgedichtet,
schafft der Knabe mit der Gabe
wortverleimtes Neugereimtes.

»Bis zum Grabe!« –
krächzt der Rabe.

Solche Gebilde nennt man zweihebige oder zweifüßige Trochäen. Sie sind sehr selten, weil sie den Dichter in seinem lyrischen Schwung doch stark hemmen. Kaum hat er ein Wort niedergeschrieben, muss er es schon reimen. Das ist ein bisschen so wie Weitsprung aus dem Stand: Sehr mühsam – und besonders weit kommst du auch nicht damit. Denn solche kurzen Sätze haben etwas Formelhaftes und werden auch schnell monoton. Deshalb werden sie in der Regel nur kurz eingestreut, als Überraschungseffekt oder um die Dramatik zu steigern, wie etwa in Goethes Ballade »Der Zauberlehrling«, wo nach drei- und vierfüßigen Trochäen der Zauberlehrling den magischen Besen auffordert:

Walle! walle
Manche Strecke
Dass zum Zwecke
Wasser fließe,
Und mit reichem, vollem Schwalle
Zu dem Bade sich ergieße!

Du siehst, nicht einmal Goethe hält den Zweifüßler länger als vier Zeilen durch. Er eignet sich fast nur für Zaubersprüche oder lautmalerische Einsprengsel, große Gedanken haben auf zwei Versfüßen einfach nicht genügend Platz. Andererseits kann man Verse mit mehr als sechs Füßen kaum noch überblicken.

Merke: Je kürzer eine Verszeile, desto einprägsamer ist sie. Je länger sie ist, umso mehr Möglichkeiten hast du, etwas darin unterzubringen. Das beste Mischungsverhältnis von Eingängigkeit und poetischer Gestaltungsfreiheit scheint mir daher der Vierfüßler zu besitzen. Als gelungenes Beispiel biete ich mal Folgendes an:

Ach, wie glücklich wär das Leben
für die Menschen auf der Erden,
wär da nicht ihr stetes Streben,
schleunigst Millionär zu werden.

Dann, um der Geschichte etwas mehr Tempo zu geben, kann ich zu einem Dreifüßler wechseln:

An Charakterstärke
fehlt es sicherlich;
und wie ich bemerke,
gilt das auch für mich.

Dir ist vielleicht aufgefallen, dass in der zweiten und vierten Zeile der letzte Versfuß eigentlich gar kein vollständiger Trochäus ist, da er nur aus einer betonten Silbe besteht. Das macht jedoch gar nichts. Am Zeilenende kann die unbetonte Silbe ruhig einmal wegfallen, ohne dass es zu Rhythmusstörungen kommt. Im Gegenteil, aus Gründen der Abwechslung ist es sogar zu empfehlen, mal eine betonte, mal eine unbetonte Silbe ans Zeilenende zu stellen. Aber das hatten wir ja schon im Abschnitt über die Familie der Reime: Der weibliche oder klingende Vers endet auf einer unbetonten, der männliche oder stumpfe Vers auf einer betonten Silbe. Die angesprochenen Zeilen sind also nicht unvollständig, sie sind einfach nur männlich. So viel zum Trochäus, der zu den fallenden Versfüßen gehört, so genannt, weil auf eine Hebung eine oder mehrere Senkungen folgen, der Ton also abfällt.

Sein Gegenspieler ist der Jambus. Auch er besteht aus zwei Silben, allerdings folgt hier auf eine unbetonte eine betonte Silbe. Ein steigender Versfuß also. Wenn du wieder an zweisilbige Wörter denkst, so fallen dir sicher ein paar Beispiele ein wie Büro, Natur, voran, hinauf oder Berlin. Allerdings gibt es im Deutschen nicht so viele Zweisilber, die auf der letzten Silbe betont werden, was jedoch nicht heißt, dass bei uns selten in Jamben gedichtet wird. Im Gegenteil: Der Jambus ist im Deutschen wohl das gebräuchlichste Versmaß. Vielleicht liegt es daran, dass er so vielseitig einsetzbar ist und etwas federnder klingt als der ein wenig unbeweglichere Trochäus. Vergleichen wir den Rhythmus folgender Verse:

Da schlug die Tür! – War das Adele?
Nun ist sie fort, kommt nimmermehr;
sie wird mir fehl'n, die gute Seele,
doch gottlob fehlt sie mir nicht sehr.

Am Brunnen vor dem Tore
da steht ein Lindenbaum:
ich träumt in seinem Schatten
so manchen süßen Traum.
(Wilhelm Müller)

Beide Strophen sind in Jamben geschrieben, ihre Wirkung ist jedoch ganz unterschiedlich. Wenn du selbst ein bisschen herumprobierst, wirst du merken, wie anpassungsfähig dieser Rhythmus ist. Bei dieser Gelegenheit sollten wir vielleicht auch darüber sprechen, woran wir überhaupt erkennen können, ob eine Silbe im Gedicht betont wird oder nicht. Auf den ersten Blick ist das gar nicht immer zweifelsfrei zu sagen. Zwar orientiert sich die Betonung der Wörter im allgemeinen an der normalen Prosasprache, der Rhythmus kann aber schon mal leicht davon abweichen, hin und wieder sind auch Silben zu betonen, die sonst nicht hervorgehoben würden.

Sehen wir uns die ersten Zeilen vom »Lindenbaum« noch mal genauer an: *»Am Brunnen vor dem Tore, da steht ein Lindenbaum.«* Da ist zunächst nur sicher, dass bei den zweisilbigen Wörtern die erste Silbe betont wird, die zweite jedoch nicht. Und dass der Dreisilber *Lindenbaum* auf der ersten und der dritten Silbe betont wird. Unsicher ist, was mit den Einsilbern *am, vor* und *dem* zu geschehen hat. Noch unsicherer werden wir in der zweiten Zeile, die mit drei Einsilbern beginnt: *»Da steht ein …«* Wo sollen wir die Betonung hinsetzen? Da hilft nur Ausprobieren: Wird *am* betont, stoßen zwei betonte Silben aneinander, was sich nicht schön anhört. Das Gleiche gilt für den Fall, wenn *dem* betont wird. Bleibt also nur *vor* übrig. Und das hört sich schon besser an: Am Brunnen vór dem Tóre. Ist der richtige Rhythmus gefunden, lässt sich die zweite Zeile im gleichen Muster anschließen: Da stéht ein Lindenbaúm. Passt.

Stünde die zweite Zeile in einem Gedicht in einem anderen Rhythmus, könnte sie auch anders betont werden. Probieren wir es mal aus: Hieße die erste Zeile im Walzertakt: »Sieh mal, was stéht denn da?«, würden wir die zweite Zeile lesen: »Dá steht ein Líndenbaum.« Es kommt eben immer auf den Zusammenhang an.

Verwirrend kann die Sache werden, wenn der Rhythmus eines Gedichts verlangt, ein Wort anders als in der natürlichen Sprache zu betonen. Das wirkt oft komisch und klappt nur, wenn der Rhythmus schon vorher deutlich geworden ist und die »falsche« Betonung nur ein einziges Wort betrifft. Sonst gerät nämlich der ganze Vers ins Stolpern. Gekonnt eingesetzt hat dieses Stilmittel Wilhelm Busch:

Man ist ja von Natur kein Engel,
Vielmehr ein Welt- und Menschenkind,
Und rings umher ist ein Gedrängel
Von solchen, die dasselbe sind.

Der Rhythmus übt einen Sog auf die Wörter aus, er legt nahe, das Wörtchen *vielmehr* anders als im normalen Sprachgebrauch auf der zweiten Silbe zu betonen. Hast du übrigens den Rhythmus erkannt? Es ist ein vierfüßiger Jambus, das bevorzugte Versmaß von Wilhelm Busch.
Und damit zurück zu unseren Jamben: Es gibt sie in allen möglichen Größen und Ausführungen. Als ultrakurzer Einfüßler: »Du bist Buddhist«, der mit seinen zwei Silben nicht nur der knappste Vers unserer Sammlung ist, sondern wie erwähnt außerdem noch ein vollwertiger Vertreter der seltenen Gattung der Schüttelreime. Dann als klassischen Dramenvers auf fünf Füßen, dem so genannten Blankvers, in dem Lessing, Schiller und Goethe dichteten. Ob »Nathan der Weise«, »Don Carlos«, »Torquato Tasso«, »Wallenstein«, unsere Bühnenklassiker sprechen meist in fünffüßigen Jamben – ein so mustergültiger Rhythmus, dass er ganz ohne Reim auskommt. Etwa im berühmten Rütlischwur in Schillers »Wilhelm Tell«:

Wir wollen sein ein einig Volk von Brüdern,
In keiner Not uns trennen und Gefahr …

Seltener sind sechsfüßige Jamben. Sie kommen vereinzelt in Balladen vor und nähern sich fast schon ein bisschen der Prosa. Ganz anders – wie gesagt – der vierfüßige Jambus, den ich zum regen Gebrauch nur empfehlen kann. Er ist sehr eingängig, gut zu handhaben und nicht ohne Grund einer der gebräuchlichsten Verse überhaupt:

»Ach, Rabe!« – sprach Matthias Nöllke –
»viel Unheil braut sich im Gewölke!
Ich warne dich als Mensch und Christ:
Dein Glücksstern hat sich jäh verdunkelt,
weil Neid und Missgunst um dich ist.
Und du bist pleite, wie man munkelt!«
(frei nach Wilhelm Busch)

Natürlich gibt es noch weitere Versfüße. Zunächst den Spondeus, ein seltener Zweifüßler, der auf beiden Seiten betont wird. Zum Beispiel in Wörtern wie Turmuhr, Waldstück, Taktstock oder Dichtkunst. Da sich ein Spondeus nur selten irgendwo unterbringen lässt, verwandelt er sich in der poetischen Praxis meist in einen ganz gewöhnlichen Trochäus. Die eigentlich beidsilbig zu betonende Túrmúhr wird dann nur auf der ersten Silbe betont: Túrmuhr.

Häufiger sind schon die Versfüße im Dreiertakt, vor allem in Verbindung mit den Zweiern. Wir haben ja schon einen im Zusammenhang mit unseren rhythmischen Überlegungen zum »Lindenbaum« kurz gestreift, den Walzertakt. Ihn nennt man im Gedicht Daktylus, was auf gut Altgriechisch so viel wie »Finger« bedeutet. Auf die betonte Silbe folgen zwei unbetonte, ein fallender Versfuß also, über den allerdings schon viele gestolpert sind. Der Daktylus sieht nämlich harmloser aus, als er ist. Er ist ein klassisches, ja altehrwürdiges griechisches Versmaß, in dem die großen Epen wie die Ilias und die Odyssee gedichtet sind.

Sechs Daktylen bilden den berühmten Hexameter, wobei der letzte Fuß um eine Silbe gekürzt wird, und bei Bedarf ein Daktylus auch schon mal durch einen Spondeus ersetzt werden darf. Was die Sache aber auch nicht einfacher macht, denn der Hexameter ist ein Versmaß, das im Deutschen nur in begründeten Ausnahmefällen zum Einsatz kommt. Es klingt meist sehr künstlich und feierlich und blieb nicht ohne Grund den großen Versepen vorbehalten: Klopstocks »Messias«, Goethes »Hermann und Dorothea« und den Homer-Übersetzungen von Johann Heinrich Voß.

Gebräuchlicher ist der Daktylus in Verbindung mit einem Zweiertakt, und zwar dem Trochäus, der ja gleichfalls ein fallender Versfuß ist. Wichtig: Du kannst durchaus verschiedene Versfüße mischen, aber du solltest nie fallende und steigende Versfüße zugleich verwenden, wenigstens nicht innerhalb der gleichen Strophe. Es gibt natürlich auch einen steigenden

Dreiertakt, bei dem auf zwei unbetonte die betonte Endsilbe folgt, den Anapäst. Auf der freien Wildbahn der natürlichen Sprache begegnet er uns in Wörtern wie Maschinist, Fotograf und Polizist, die oft noch einen leichten Nebenakzent auf der ersten Silbe tragen, der im Bedarfsfall auch zu einer vollwertigen Betonung werden kann. Dann haben wir allerdings keinen Anapäst mehr vor uns.

Der Anapäst verträgt sich sehr gut mit dem Jambus, allein tritt er nicht so häufig auf, für ihn gilt eigentlich dasselbe wie für den Daktylus. Wir finden den Anapäst in klassischen Balladen, zum Beispiel bei Schiller in der Ballade »Der Taucher«, wo der Jambus immer wieder vom Dreiertakt durchbrochen wird und zeilenweise der Anapäst ganz in den Vordergrund tritt, um die Naturgewalten zum Klingen zu bringen:

Und es wallet und siedet und brauset und zischt,
Wie wenn Wasser mit Feuer sich mengt.
Bis zum Himmel spritzet der dampfende Gischt,
Und Flut auf Flut sich ohn' Ende drängt,
Und will sich nimmer erschöpfen und leeren,
Als wollte das Meer noch ein Meer gebären.

Zum Schluss noch ein Wort über ein nicht ganz so klassisches, aber mitunter sehr hilfreiches Versmaß, den Knittel- oder Knüppelvers. Er heißt so, weil er manchmal etwas holpert – was in einzelnen Fällen durchaus beabsichtigt sein kann; und er holpert, weil die Anzahl der Hebungen, also der betonten Silben, pro Zeile zwar konstant ist – in der Regel sind es vier –, der Dichter jedoch so viele Senkungen dazwischen packen kann, wie er will. Hauptsache, er findet einen Reim:

Den Rhythmus kannst du variieren,
mit unbetonten Silben frei herumprobieren,
kannst deine Zeilen – vor allem durch unbetonte
Einschübe – lang gestalten
oder ganz kurz halten.

Also vier betonte Silben pro Zeile, ansonsten herrscht »Füllungsfreiheit«. Wegen seines fehlenden Ebenmaßes galt der Knittelvers lange Zeit als ungeeignet für ernsthafte Dichtung. Er war das Versmaß der Bänkelsänger und Moritatendichter. Und noch heute werden mit ihm vorwiegend heitere Verse geschmiedet, zum Beispiel von Büttenrednern für ihre zwerchfellerschütternden Ansprachen. Doch auch Gerhart Hauptmann verwendet ihn in seinem »Festspiel in deutschen Reimen«. Dass sich der Knittelvers selbst für große Dichtung eignet, zeigt sich im »Jedermann« von Hugo von Hofmannsthal ebenso wie im Eingangsmonolog in Goethes »Faust«:

Habe nun, ach! Philsophie,
Juristerei und Medizin
und leider auch Theologie
durchaus studiert mit heißem Bemühn.

Der Knittelvers ist variabler, klingt natürlicher und neigt weniger zum »Leiern« als allzu streng durchgehaltene klassische Versmaße. Allerdings ist er nicht so einprägsam und es ist häufig schwieriger, ihn wirkungsvoll vorzutragen.
Einen bestimmten Rhythmus kann ich dir nicht empfehlen, denn es kommt ganz auf das Gedicht an, das du schreiben willst. Vieles ist ohnehin Geschmackssache oder hängt vom Gefühl ab. Am besten ist es, wenn du die verschiedenen Versmaße einfach mal ausprobierst, mit ihnen herumspielst, Silben hin und her schiebst, verschiedene Variationen deines Gedichts miteinander vergleichst und so ein Gespür für den richtigen Rhythmus entwickelst. Irgendwann kommt er dann von ganz allein.

Von der Übung, die bekanntlich den Meister macht

Beginnen wir mit einer ganz einfachen Übung: Suche dir ein Gedicht, das dir vom Rhythmus her gefällt; der Text ist eher Nebensache. Dann kopierst du diesen Rhythmus und übernimmst ihn für deinen eigenen Text, der inhaltlich gar keine Ähnlichkeit mit dem Muster haben soll; sonst klingt er zu sehr abgeschrieben. Achte aber genau auf Rhythmus und Sprachmelodie, zähle die Silben und unterscheide die männlichen kurzen von den weiblichen klingenden Silben, also kurz und klingend. Nimm etwas Einfaches, vielleicht das schöne Volkslied mit dem »verräterischen ›e‹«:

Der Mond ist aufgegangen,
die gold'nen Sternlein prangen
am Himmel hell und klar.
Der Wald steht schwarz und schweiget
und aus den Wiesen steiget
der weiße Nebel wunderbar.
(Matthias Claudius)

Die Nachdichtung, einschließlich des Gleichklangs der Reimsilben, könnte sich dann so anhören:

Ich spüre ein Verlangen,
ich möchte dich umfangen
und halten immerdar.
Bis dass der Tag sich neiget
und in der Nacht sich zeiget
die große Liebe, rein und wahr.

Das geht nicht gut, auch wenn der Rhythmus stimmt, es ist fantasielos und steht schon bedrohlich nahe beim Plagiat. Mach dir also deinen eigenen Text. Der muss nicht unbedingt romantisch sein und schon gar nicht tierisch ernst:

Die Bärin sprach zum Bären:
»Jetzt will ich dich was lehren!« –
und kniff ihn ins Gemächt.
Da konnt' der Bär nur lachen
und zeigte ihr 'n paar Sachen –
die fand die Bärin gar nicht schlecht.

Und wenn wir schon beim Üben sind, können wir auch ausnahmsweise mal den umgekehrten Weg zum Gedicht einschlagen und den Pegasus von hinten aufzäumen:
Da steht am Anfang nicht der inhaltliche Gedanke, sondern das Wort, die Reimsilbe. Nimm eine besonders ergiebige, mit

der sich viele Verse basteln lassen. Die Silbe ent zum Beispiel bietet über hundert Möglichkeiten. In diesem vorzüglichen Reimservierbuch wirst du sie reichlich finden und dabei fällt dir bestimmt ein Thema ein. Also dann: Du machst ein Gedicht, in dem sich jede Zeile auf ent reimt – reine Reime müssen es sein – und jede Reimsilbe darf nur einmal vorkommen. Ich werde mich nicht lumpen lassen, und nehme mal die Silbe assen, was ein bisschen schwieriger ist, denn da gibt es lange nicht so viele Möglichkeiten:

Einsam über regennassen
trüb verhangnen Hafengassen
sitz ich auf den Seeterrassen,
eingerahmt von Kalebassen,
lustlos bei gebratnen Brassen;
lausch dem Tuckern der Barkassen
und dem Johlen der Insassen
eilig kreuzender Pinassen,
schütte Wein in mich in Massen,
ohne Rücksicht auf den krassen
Tiefpunkt aller Güteklassen;
seh den letzten Stern verblassen,
lerne das Alleinsein hassen,
schneide leidende Grimassen
und kann's immer noch nicht fassen:
Warum hat sie mich verlassen?! –
Dennoch sollt ihr fröhlich prassen,
Völker, Menschen aller Rassen
sollt die Fete nicht verpassen:
Volle Pulle, volle Kassen –
prosit Neujahr – hoch die Tassen!

Für so eine Fleißaufgabe ist das Reimlexikon wie geschaffen, und natürlich gibt es noch mehr Möglichkeiten, mit der Sprache zu spielen und ein oder zwei Reime zu einem hübschen Gedanken zu verdichten.

Wie wär's mit dem beliebten Thema »Gut und Geld«, ein Stabreim, der sich – leicht behandelt – in einen Doppelreim verwandelt. Der Stabreim, der eigentlich Alliteration heißt, begegnet uns an allen Ecken und Enden, auf Feld und Flur, in Haus und Hof; womit gesagt sein soll: Stabreim nennen wir die Zusammenbindung von Wörtern durch den gleichen Anlaut, wie eben bei Gut und Geld. Die erste Strophe wechselt zwischen männlichen und weiblichen Versen, die zweite ist rein weiblich:

Ein Häuschen, ja, ich habe eins,
ein kleines,
doch Bargeld hab ich leider keins,
nein, keines.

Hab eine Kette, eine feine,
mit Steinen,
doch große Scheine hab ich keine,
nicht einen.

Solche Wortminiaturen zu basteln erfordert etwas Übung, aber es macht Vergnügen.

Wie wird ein Gedanke zum Gedicht?

Manchmal kommt der zündende Gedanke ganz spontan, meistens aber beschäftigt uns das Thema schon eine Weile, ohne dass wir gleich den richtigen Einstieg finden. Egal ob der Anlass heiter oder ernst oder gar traurig ist, er lässt dich nicht los. Du willst ein Gedicht daraus machen. Natürlich ist die Heiterkeit leichter zu handhaben als die Tragik, ein hübscher Gedanke schneller zu Papier gebracht als ein schmerzliches Erlebnis. Aber gerade das sollte uns veranlassen, auch mal die Widrigkeiten des Daseins dichterisch zu verarbeiten; es erweitert unser Können und es befreit.

Ich denke da zum Beispiel an das traurig-schöne Thema Liebesschmerz, der ist ja heute verbreiteter als Zahnschmerzen und hat fast jeden schon mal erwischt. Nehmen wir an, du warst verliebt bis über beide Ohren, und der Partner oder die Partnerin hat dich verlassen. Das tut weh; du möchtest vielleicht gar nicht darüber sprechen, aber du willst dir den Frust von der Seele schreiben.

Dazu notierst du dir zunächst so eine Art Bestandsaufnahme der Gefühle: Wut, Ärger, Schmerz, Enttäuschung, Reue, Selbstzweifel, Verachtung, Angst, Verzweiflung und so weiter. Dann beschreibst du deine Situation; was fühlst du: Einsamkeit, Verlassenheit, Freudlosigkeit, Leere, Kälte. – Kälte? Ja, Gefühlskälte beschreibt es am besten.

Also, du frierst. Aber du frierst nicht, weil es wirklich kalt ist, sondern weil dir wärmende Nähe und Zuneigung fehlen. Und nichts anderes kann dich wärmen oder trösten. Auch kein Feuer? Nicht mal die Sonne? Jetzt kommen wir der Sache näher und vielleicht schon zu der ersten Zeile:

Die Sonne scheint, aber sie wärmt mich nicht …

Und damit hättest du den tragenden Gedanken für dein Gedicht: Mich fröstelt, meine Seele friert, nichts kann mich wärmen, meine große Liebe hat mich verlassen. Jetzt such dir schon mal ein paar passende Reime: Sonnenlicht, die Sonne sticht, sendet Licht, blendet und sticht, brennt, sengt … und so weiter. Was nimmst du für die zweite Strophe – das Feuer, das nicht wärmt? Ja, es wärmt dich nicht, obwohl es Wärme spendet, heiß und gleißend ist, flackert, lodert, brennt und glüht. Die dritte Strophe schließlich sagt, was dich frösteln lässt: fehlende Liebe und menschliche Wärme; die Verlassenheit, das kalte Herz. Und so entsteht die erste Stophe als Ideenskizze:

Die Sonne scheint, aber sie wärmt micht nicht
sie lacht mir höhnisch ins Gesicht
sie brennt und sticht
sie blendet mich, aber sie wärmt mich nicht.

Das ist wie gesagt erst eine Skizze, die Reinzeichnung wird noch viel Arbeit erfordern. Es kneift und holpert hier und da, die Worte stimmen nicht alle, auch stehen sie nebeneinander statt beieinander, das muss geändert werden. Und noch fehlt die Form, die dem Inhalt entspricht: eine eher kühle, fast schroffe Form mit kurzen Zeilen, die nicht viel Worte machen, die weder Mitleid heischen noch Selbstmitleid verströmen, die Leere und Kälte nicht gefühlvoll ausmalen, sondern knapp und eindrucksvoll beschreiben.
Und wenn die Form gefunden und aus der Skizze die erste Strophe geworden ist, dann fehlen immer noch die zweite und die dritte Strophe – streng gegliedert nach dem Reimklangschema, das den Rhythmus und das Klangbild bestimmt. Denn nicht vergessen: Die Strophen müssen sich im Aufbau und im Klangbild ähneln wie ein Ei dem anderen. All das braucht Sorgfalt und Geduld; aber die bringt bekanntlich Rosen, und so wird das Werk schließlich erblühen:

die sonne scheint …

die sonne scheint
aber sie wärmt mich nicht
und sie lacht auch nicht
sie sticht
ja sticht und blendet
und verschwendet gleißendes licht
sie wärmt mich nicht

ein feuer brennt
aber es fröstelt mich
es ist kalt umher
und leer
mutlose leere
als wäre sie traurig wie ich
es fröstelt mich

dein herz ist heiß
aber es wärmt mich nicht
du bist weg von mir
nicht hier
bist mit der liebe
unserer liebe desertiert
die seele friert

Hüte dich vor den »Unvermeidlichen«!

Oder besser, pflege möglichst wenig Umgang mit ihnen, denn wie ihr Name schon sagt, ganz vermeiden kannst du sie nicht. Die »Unvermeidlichen« kommen aus der Schreckenskammer der deutschen Dichtkunst und tragen so schöne und einschmeichelnde Namen wie *Liebetriebe, Herzschmerz, Sterneferne, Raumtraum* und *Sonnewonne.* Jede dieser Reimgestalten für sich besehen ist durchaus liebens- und lobenswert; was sie so schwer erträglich macht, ist ihre geradezu rufschädigend geistlose Anwendung, die ungekonnte Positionierung und penetrante Anhäufung. Wie lässt sich das mildern? Natürlich ließe sich mit dem Entsetzen Scherz treiben und für die Galerie der »Helden der Lyrik« dichten:

Ach du! – mein liebes Herzblatt,
wenn du dich neu bemannst,
setzt mich der Liebesschmerz matt,
wie du dir denken kannst.
Verlässt du mich, geliebtes Herz,
schreit himmelwärts mein Liebesschmerz!
Und wo soll da die Liebe bleiben,
wenn dich nur noch die Triebe treiben?

Aber mal ernsthaft: Wenn dir einer dieser leider so misshandelten Reime unverzichtbar erscheint, musst du ihn gut behandeln und ihm einen hübschen Platz geben. Das heißt, setze das Reimpärchen *Herz/Schmerz* nicht an die Versenden, wo es aufdringlich wirkt und unangenehm auffällt, sondern bringe es auf weniger exponierten Plätzen unter. Also bitte nicht:

Aufwärts geht es, himmelwärts,
das fühle ich;
überwunden ist der Schmerz,
schöne Stunden zählt mein Herz,
ich liebe dich!

Setze Herz und Schmerz in eine Nische
in der Mitte der Zeilen:

Der tiefe Schmerz ist überwunden,
das fühle ich;
mein Herz zählt wieder schöne Stunden
seit ich in dir mein Glück gefunden –
ich liebe dich.

Das ist zwar immer noch Kummerkitsch, aber die Penetranz der ersten Fassung ist durch eine sensiblere Platzierung sowie die Umwandlung der stumpfen Reime in klingende aufgehoben, alles wirkt leichter und eleganter. Übrigens sind die so begehrten Endsilben *erz* und – gleichklingend – *ärts* denkbar unergiebig. Mehr als fünf Reime sind da kaum rauszuholen. Auch das macht die *Herz/Schmerz*-Variante in den Liedern und Gedichten so zahlreich. Überhaupt ist die Anzahl der schlichten Reimwörter der deutschen Sprache leider nicht sehr groß. Um so größer daher die Verlockung, sich beim Reimen fast automatisch der gängigen Wortware zu bedienen, ohne noch lange zu suchen und den Weg nach hübschen Anderweitigkeiten zu beschreiten.

Mangelnde Sorgfalt im Umgang mit der Sprache, Oberflächlichkeit und gedankenlose Routine finden wir heutzutage überreichlich, in der Prosa wie in der Poesie, in Berichten und Gedichten und oft besonders krass in Schlagertexten.

Vom Lied, das in die Herzen dringt

Das Lied –
das Lied, das mit den Kindern lacht,
das Lied, das alte Augen leuchten macht,
das Lied, das zu den Ärmsten geht
und Einsamkeit versteht –
Das Lied, das in den Träumen weilt,
das Schmerzen nimmt und Wunden heilt,
das Lied, das ins Gefängnis reicht
und hartes Herz erweicht –
Das Lied, das alle Sprachen spricht
und Hass zerbricht,
das in die tauben Ohren dringt,
das Lied, das jeder Stumme singt –
Das Lied –
das Lied –
das hätt' ich gern geschrieben.
(Siegfried Rabe/Stefan Sulke)

Zugegeben, Liedertexte schreiben ist wirklich nicht einfach, aber gerade deshalb darf man es sich nicht auch noch einfach machen wollen. »Das versendet sich!« hört man oft von den Routiniers der Schlagerbranche, wenn sie auf schludrige Texte angesprochen werden. Damit ist gemeint, dass das gesungene Wort mehr *Lieder*-lichkeit verträgt als das gesprochene, die Texte kommen weicher rüber und die Musik schmiert sprachliche Unebenheit mit Wohlklang zu. Aber darauf sollte man sich, bitte schön, nicht allzu sehr verlassen!
Auf jeden Fall empfehle ich dir, es auch mit dem Liederschreiben zu versuchen. Es ist eine sehr befriedigende Beschäftigung, natürlich besonders dann, wenn die eigenen Werke gelegentlich in Rundfunk und Fernsehen ins Programm kommen. Ich verrate dir gern, für wen ich schon Liedertexte verfasst habe, möchte das aber – im Sinne dieses Reimlustmachers – poetisch zum besten geben:

Zwei Lieder für Freund Udo Jürgens –
den Reim auf Jürgens fand ich nürgens –
und einige für Erika –
»die Pluhar«, gut, das weiß man ja;
drei oder vier für Katja Ebstein –
bei der will man ja auch kein Depp sein –
und viel schrieb ich für Stefan Sulke,
den ich von Herzen gern verulke.
Jedoch die meisten meiner Lieder,
die schrieb ich gern und immer wieder
für ZDF und ARD,
denn das war gut fürs Portmonne!

Dazu sei ohne Scheu verraten:
Ich schrieb auch gern für die »Privaten«,
von mir aus auch für die »Piraten«,
wenn sie gut zahlen taten!

In Liedertexten treffen wir häufig auf einen alten Bekannten, den »rührenden« Reim, der eigentlich gar keiner ist, denn mit ihm wird einfach der Reim aus der vorhergehenden Zeile wiederholt, das macht ihn so »rührend«. Im Allgemeinen wirkt das unschön und einfallslos. Wird der rührende Reim aber gezielt eingesetzt, um eine inhaltliche Sequenz zu verstärken, zu dramatisieren, so hat er durchaus seine Berechtigung. Drei Beispiele:
In dem Lied *»Das hab' ich aber fein gemacht«* versucht Erika Pluhar ihrem Freund beizubringen, dass sie ihn verlassen will; dabei sucht sie nach den richtigen Worten, was der rührende Reim eindringlich betont:

Wie sag ich nur, ich kann das nicht –
Wie sag ich nur, ich will das nicht –
Wie sag ich nur: Ich lieb dich nicht?

Auch in Katja Ebsteins Lied *»Ich suche einen Supermann«* sorgt der sonst eher langweilig nachplappernde rührende Reim für bemerkenswerte Dynamik:

Ich suche einen Mann –
nicht irgendeinen Jedermann –
ich suche einen Mann,
ich suche einen Supermann …

Und im Lied »Tausend Jahre sind ein Tag« benutzt Udo Jürgens gleich viermal den identischen Reim für sein drängend Fragendes:

Was ist Zeit …
Was ist Zeit …
Was ist Zeit …
Was ist Zeit?! –

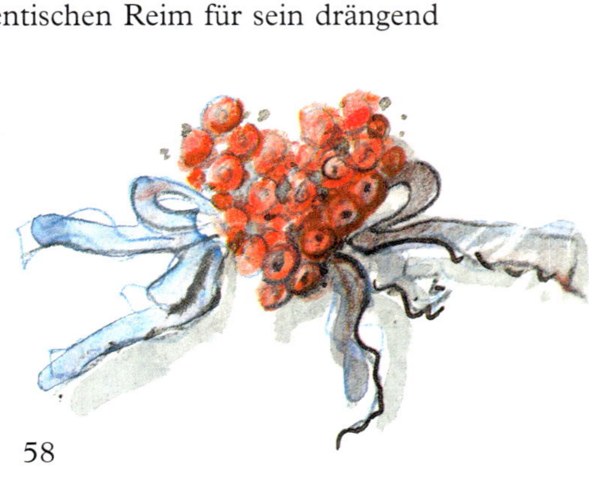

Bevor er die Antwort schmettert:

Ein Augenblick –
ein Stundenschlag –
Tausend Jahre sind ein Tag!

Übrigens lässt sich ein leicht dramatisierender Effekt ebenso erreichen, wenn du ein identisches Wort an den Anfang der Verse setzt, ohne die Reimsilben am Ende der Zeilen anzutasten. »Oscar, die Supermaus« habe ich veranlasst, sich immer auf diese Weise vom Bildschirm zu verabschieden:

Liebe Schauerin und Schauer,
Oscar ist doch kolossal!
Wieder sind wir etwas schlauer,
wieder ist der Himmel blauer –
Wieder-sehn beim nächsten Mal!

Es kommt eben wieder mal »immer darauf an«. Wie auch darauf: Man soll immer die Wahrheit sagen, aber man soll die Wahrheit nicht immer sagen! Daraus lässt sich leicht ein Vierzeiler mit zwei rührenden Reimen schmieden:

Du sollst an allen Tagen
immer die Wahrheit sagen –
doch heißt das nicht: an allen Tagen
die Wahrheit immer sagen.

Also immer schön weiter üben in der Schmiede goldener Reime und viele hübsche kleine Gedanken in eine poesievolle Form gießen. An Ideen sollte es nicht mangeln, tut es aber dennoch. Das ist eigentlich skurril und selbst schon fast ein Stoff zum Dichten: »Ein Dichter ohne Idee, ein Schneemann ohne Schnee, ein Seemann ohne See« oder so; der Dichter hat gefälligst Ideen zu haben, er lebt davon. Für den Hobbydichter aber dürfen mildere Maßstäbe gelten, er darf sich Ideen beschaffen, zum Beispiel bei den vielen klugen Leuten, die so viele kluge Sachen gesagt haben: Jede Sammlung von Zitaten und Aphorismen ist sozusagen ein Bauchladen für Selbstbediener zur Poetisierung prosaischer Gedankensplitter. Ich blättere mal für dich in den »Unfrisierten Gedanken« von Stanislaw Jerzy Lec, und da lese ich auf Seite 173:

Das Ende der Todesanzeige:
Er ist nicht tot.
Er hat seine Lebensweise geändert.

Ein hübscher schräger Gedanke; machen wir doch daraus ein Gedicht mit drei Stophen à vier Zeilen:

Ich hab mein Leben gut gelebt
an möglichst allen Tagen
und habe sozusagen
das Sterben niemals angestrebt.

Nun weiß man ja aus »Jedermann«,
dass auf die Dauer keiner,
schon gar nicht unsereiner,
dem Sensenmann entkommen kann.

Doch sterb ich nicht, ich bin nicht tot,
ich ändre still und leise
nur meine Lebensweise,
damit der Tod mich nicht bedroht.

Und gleich noch mal, nach einem »unfrisierten Gedanken« auf Seite 91:

Das Heu in den Köpfen mancher Poeten
bekommt Pegasus offensichtlich gar nicht schlecht. –

Ich schlage vor, daraus werden zwei Fünfzeiler:

Poeten haben Heu im Kopf!
Packt die Gelegenheit beim Schopf
und köpft einen Poeten!
Das trifft zwar hart den armen Tropf,
doch ist es zu vertreten.

Die haben Heu in ihrer Nuss –
das ist der einzig wahre Schluss,
wär da Gehirn stattdessen,
dann hätt der arme Pegasus
schon längst nichts mehr zu fressen.

Also, ran an die Krippe, die Sache funktioniert. Und du merkst es schon selbst: Du wirst immer besser!

Von den guten und den schlimmen Reimen

Davon muss ich dir erzählen, die gibt es nämlich wirklich, die guten und die schlimmen Reime. Die guten sind gutwillig und machen freudig mit, breiten eine schier unendliche Vielfalt vor dir aus, wie zum Beispiel die liebe Silbe *ât:* Von Achat bis Spinat steht sie hundertmal parat. Auch die Silbe *ett* ist nett. Bett, Duett, Florett und fett, macht sie mit von A bis Zett; *ei* und *ier* und *ein* und *eit* reimen zur Zufriedenheit und besonders imponieren über drei mal hundert *ieren!*
Aber dann kommen die unfügsamen, die wenig hilfreichen, die in kleinen und kleinsten Störeinheiten auftreten, bis hin zum sturen Einzelgänger. Als buchstäbliche Minderheiten verweigern sie sich beharrlich einer gründlichen Ausbeutung und erlauben dir oft nur einen einzigen Reim! Etwa die Reimfeindgruppe *emut;* daraus wird nur *Demut/Wehmut; elf* ist höchstens Notbehelf, *echsler* kennt nur *Drechsler/Wechsler,* na, und *edig* glänzt mit *ledig,* ausgerechnet in *Venedig!* Das sind schleimende reimende Nichtsnutze!

Die Spitze allerding ist die so genannte Krone der Schöpfung, der Mensch. Krone wäre ja nicht ohne, zwanzig *one,* wie zum Hohne, von Äone bis zum Throne; schwieriger schon ist die Schöpfung, denn die Silbe *öpfung* kennt nur Köpfung, Kröpfung und dann folgt auch schon (Er-)Schöpfung. Und was, bitte schön, tut der *Mensch* in seiner ganzen Einsilbigkeit zur Bereicherung der Reimkunst in der deutschen Dichtung? Nichts! Er gilt als absolut unreimbar. Mit Recht? Nein, das ist menschliches Versagen. Der Mensch hat ganz einfach die Pflicht, seiner Muttersprache als Endreim zur Verfügung zu stehen, und sei es mit verbaler Unterstützung durch Gastarbeiter und Touristen. Ich expliziere:

Der Mensch, als reiner Endreim dichtbar,
ist für den Dichter unverzichtbar.
Sonst bleibt in letzter Konsequenz nur noch
der »Homo sapiens«.
Wie kann der Mensch als Reim versagen?
Das muss der Dichter hinterfragen:

Zum Beispiel, was wohl für ein Mensch er
privat ist, der Hans-Dietrich Genscher;
und ob es, wenn es sächsisch genschelt,
so ähnlich ist, wie wenn es menschelt?
Und ist der wetterfeste Mensch
ganz einfach nur ein Mensch im Trench?
»Un homme de bien«, ist das ein Mensch,
so gut wir wir, nur à la french?
Was ist der Farmer auf der Ranch,
vor allem Ami oder Mensch?
Und zählt denn »people pay attention«
gleich viel wie Achtung vor dem Menschen?
Ach komm, das sind doch faule Tricks,
auf Mensch reimt sich so gut wie nix.
Der Mensch ist selber ein Gedicht? –
(na, diesen Reim doch bitte nicht!).

Es ist der Mensch seit Urzeit schon
die Ungereimtheit in Person!

Einfach ein bisschen dummes Zeug zusammenreimen macht auch Sinn, Blödsinn – und der macht Laune. Jedes noch so vertrackte Thema erfüllt seinen Zweck als Gedicht, wenn wir es rein »reimtechnisch« in den Griff kriegen. Ein hübsches Stilmittel ist zum Beispiel der Einsatz einer überraschenden, bisweilen schockierenden Redewendung: Aprosdokese nennt es der Fachchinese. Kurt Tucholsky hat das gerne eingesetzt. Da beschreibt er zum Beispiel ein dramatisches Geschehen in einem Wintersportort, wo bei einem Lawinenunglück eine Gästegruppe des Grandhotels ums Leben kommt. Fazit des Dichters:

Doch auch was Gutes war dabei,
für Gäste, die am Mittwoch kamen,
wurden ein paar Zimmer frei!

Im schönen Appenzellerland hat mich vor Jahren mal eine der dort typischen graubraunen Kühe zu solch einem Gedicht mit unerwartetem Ausgang inspiriert:

Stille Tage auf St. Anton

Flieh mit mir auf eine Weide,
eine grünbunthimmelblaue
Märchenaue
und da lieben wir uns beide.

Ringsum grasen graue Kühe,
die sich still an uns erbauen,
kauen, schauen
und belächeln unsre Mühe.

Auf uns dann, aus hohem Steiße,
unter hochgerecktem Schwanze,
klatscht die ganze
nassgrasgrüne Fladenscheiße …

Ich fand das überhaupt nicht komisch, aber meine Freundin kriegte einen hysterischen Lachanfall und der war ansteckend.
Du siehst, das Leben bietet Stoff in Hülle und Fülle und vielleicht haben wir auch mal Spaß daran, uns in der erotischen Dichtkunst zu üben. Wir befinden uns da in bester Gesell-

schaft, viele große Geister haben sich auf dem Lotterbett der Fantasie fröhlich gehen lassen. Dichterfürst Goethe – gewiss kein Kind von Traurigkeit – beschreibt da unter diversen sündigen Versen die eine Sache ebenso dezent wie poetisch:

Gerne der Zeiten gedenk ich,
wo alle Glieder gelenkig,
bis auf eins.
Die Zeiten kommen nicht wieder,
steif sind alle Glieder –
bis auf eins.

Der Mann konnte aber auch wirklich alles trefflich schildern! Wie gesagt, der Stoff, aus dem sich das Poetische weben lässt, ist überreich vorhanden. Wie wäre es denn mal mit der »Verdichtung« einer Glosse?

Die gereimte Glosse: »Keiner kannte Heinrich Graumann«

Ein Freund schickte mir kürzlich einen alten Zeitungsausschnitt, leider blieb der Autor ungenannt, mit einer Glosse, einem gereimten Kurzkommentar von besinnlicher Heiterkeit, obwohl es sich eigentlich um einen tragischen Fall handelt, einen Fall von der Leiter nämlich, mit tödlichem Ausgang. Schwer zu sagen, was den Betroffenen – nennen wir ihn Heinrich Graumann – bewegen konnte, eine Leiter zu besteigen, denn Heinrich war, so wird berichtet, die Vorsicht in Person. Er hat sein Zuhause aus Sicherheitsgründen so gut wie nie verlassen, denn er lebte in ständiger Angst vor den draußen lauernden Gefahren. Eine derart übertriebene Bedachtsamkeit, einzig und allein darauf gerichtet, sich vor Schaden an

Leib und Leben zu bewahren, ist das amüsante Zerrbild einer weit verbreiteten Lebensweise: Immer auf Nummer sicher gehen, nichts riskieren und schließlich darüber sterben, ohne je gelebt zu haben. Das ist sozusagen Vorsicht mit Todesfolge und ein reizvolles Thema für eine etwas ausführlichere Betrachtung:

Keiner kannte Heinrich Graumann

Graumann ging auf Nummer sicher,
»Vorsicht!« war sein Stoßgebet;
stetig wankte oder wich er,
war ein unverbesserlicher
Sicherheitsapologet.

Er war prinzipiell dagegen,
abends fröhlich auszugehn
oder gar bei Sturm und Regen
einer hübschen Sache wegen
auch nur aus dem Haus zu gehn.

Ziegel könnten ihn erschlagen,
auch ein Ast, der niederkracht;
vielen schon, so hört man sagen,
ging es nächtlich an den Kragen,
da ist Vorsicht angebracht.

Graumann wollte nie verreisen,
darin sah er keinen Sinn:
all die Züge, die entgleisen,
all die Staßen, die vereisen –
nein, wo käme er da hin!

Ach, und keine Zigaretten,
Schnäpschen nicht und keinen Wein,
weder Keks noch Schokoletten,
auch was Süßes in den Betten
ist riskant und muss nicht sein.

Radio, Fernsehn, Waschmaschine,
Telefon, elektrisch Licht,
Dampfbad oder Duschkabine,
eine lebhafte Blondine –
all das wollte Graumann nicht.

Alles, was die Welt bewegte,
war nicht sicher, nicht profund;
selbst als er sich sterben legte,
sich bei ihm die Sorge regte:
Liege ich denn auch gesund?

Was sie ihm als Letztes gaben,
war naturbelassnes Heu –
und als sie den alten Knaben
vorsichtig begraben haben,
war er noch so gut wie neu!

Und die Moral (Moral muss sein):
Lasst tüchtig Leben ins Leben rein! –
der Todesfall ist im Ergebnis
für den Betroffnen kein Erlebnis.

Das Gedicht im Heimatdialekt: »Ick liebe meine Muttasprache!«

Das Gedicht im Heimatdialekt ist Poesie, wie uns der Schnabel gewachsen ist, sie ist uns sozusagen auf den Leib geschrieben. Dabei versteht es sich eigentlich von selbst, dass wir uns nicht auf fremdes Gebiet verirren dürfen; denn nur bei deiner »Kindersprache«, dem Dialekt, mit dem du groß geworden bist, kannst du das ganze Spektrum seiner Klangfarben ausbreiten und dabei auch das Unausgesprochene, das zwischen den Zeilen steht, hörbar machen. Da hat selbst der noch so sprachbegabte Fremdling schlechte Karten: Wer einen Dialekt kopieren will, wird vom kritischen Ohr des Einheimischen meist schnell entlarvt.

Und bei die Jelejenheit will ick mir och son bisken entlarven und dir een Jeständnis machen: Ick bin een Berliner, mir kann keener, och nich eener an de Wimpern klimpern oder mir mit Redensarten besoffen machen. Ick wees jenau, wie ick mir auszudrücken habe!

Meine Heimatstadt zum Lobe jeb ick dir ne Leseprobe:
Stell dir vor, ick sitz im Somma janz mit mir
allene Komma
mitten mang meine Geranjen, meine Olle sitzt
in Spanjen,
und denn kommt ihr Telejramm: »Otto, ick bin
völlich klamm,
allet teuer, Jeld is knapp, schick mir wat, sonst
reis ick ab.«
Na, und icke schicke promt, det se bloß nich
wiedakommt!
Aba 'n Dschentlemän, der schreibt och wat Nettes,
det se bleibt,

so wat wirkt ja alalong. Und nu sitz ick am Balkong,
mittenmang meine Geranjen,
und dichte mit Oleh nach Spanjen:

Meine Beste, wenn Se wüssten,
wat se kosten, diese Küsten!
Sonnenechte Wohlstandsschminke
kostet kolossale Pinke.
Jedet Lächeln vom Portjee
iss'n Jriff ins Portmonnee.
An der Bar, wie Bar schon sacht,
wird dir Bares abjejacht;
och det kleenste »sehr zum Wohle«
jeht uff Kosten deiner Kohle.
Kieke bloß mal amüsiert,
jleich kommt eena und kassiert.
Wo dir een Vagnüjen lockt,
da wird Asche abjezockt:
Quasseln, schnuppern,
sitzen, rauchen,
baden, sonnen, Luft vabrauchen,
jilt als Luxus oder Lasta!-
jibts nur jejen Kies und Zasta.
Zahlemann schreibt sich janz jroß,
ohne Moos is jarnischt los.
Weils so is mit die Moneten,
deshalb schick ick Sie Peseten!

Un nu wirtet lansam ernst mit die Dichterei, indem ick mir gleich verabschiedn tu. Aba mitn Jedicht, wie sich det jehört, wa? Ick will dir nämlich noch'n Wort saren zu meine Muttersprache, in die bin ick voll vaknallt, uff jutes Deutsch steh ick druff, ehrlich, da könntick echt zum Dichta wern, so ne Art Schillern oder Jöte. Aba ja doch, pass ma uff:

Ick liebe meine Muttasprache,
vastehste mir, ick liebe ihr;
die hat so wat, son irren touch,
wat Geiles, aba nich to much,
son feeling wa, det passt zur Spree –
die deutsche Sprache is o. k.
Ick liebe meine Muttasprache,
det sarick dir, ick liebe ihr;
Det issn Oldie, wat von Dauer,
keen Softie, cool, aba mit Power
und happy biste och dabei –
die deutsche Sprach machtma high!

Jetzt zieht der Rabe sich zurück,
doch bleibt er dir erhalten:
Er ist auf allen Seiten da,
was heißen soll: »Ich bin dir nah
und helf dir beim Gestalten.«
(Das nennt man wahres Dichterglück!)
Also, servus, es war nett,
nu reim mal schön
von A bis Zett.

Reimlexikon

Der Werkzeugkasten Reimlexikon

Mit über zwanzigtausend Endreimstücken ist der Kasten komfortabel ausgestattet und wird in den Reimeschmieden der Hobbypoeten wie der professionellen Texter hilfreich und nützlich sein. Der wortreiche Inhalt besteht durchweg aus »reinen« Reimen der gebräuchlichen und allgemein verständlichen Art. Sämtliche Reimformen waren natürlich nicht unterzubringen und auf so unergiebige Reimgruppen wie z. B. »knurksen/murksen« oder »dampfig/krampfig« wurde verzichtet. Auch bei der Auswahl von Fremdwörtern, wissenschaftlichen Fachwörtern und überalterten Begriffen ist gespart worden. Verweise auf klangverwandte oder gleich klingende »hilfreiche« Reimgruppen werden jeweils durch einen kleinen Pfeil angezeigt. Bleibt zu wünschen, dass dieses Buch Freude macht und zu dem wird, was es werden sollte: ein echter Reimlustmacher!

-a

-a = ah!
Afrika
aha!
Algebra
Alkoholika
Allah
Allotria
Ambrosia
Amerika
beinah
BH
Blabla
Cha-Cha-Cha
da
Domina
Eklat
Eroica
Erotika
Etat
etcetera
Exotika
fallera!
FKK
Gloria-
Victoria
haha!
Harmonika
heureka!
hopsasa!
hurra!
ja
Kamera
Kleopatra
Kosmetika
Lexika
Magnesia
Mama
MTA
nah
Nutria
Olympia
pah!
Papa
Paprika
Pergola
Prostata
Raa (Rah)
Schah
Schemata
t-/Trara
Tempera
Tertia
TH
Tombola
Tonika
trallala!
Tunika
Utopia
Varia
→ *-ahen*

-a = Ha!
Bourgeois
comme ci,
comme ça
Fauxpas
nana!
oh, là là!

-ab = Stab
begab
gab
Grab
Trab
→ *-aben*

-abbel
Gebabbel
Gebrabbel
Gekabbel
Gekrabbel

-abbern
knabbern
sabbern
schlabbern

-abe
Gabe
Gehabe
Geschabe
Habe
Knabe
Nabe
Rabe
Schabe
Wabe
→ *-aben*

-abel
Abel
akzeptabel
Babel
blamabel
diskutabel
Fabel
Gabel
Kabel
komfortabel
miserabel
Nabel
operabel
Parabel
passabel
präsentabel
profitabel
rentabel
respektabel
Schnabel
spendabel
variabel
Vokabel

-abelt
abgenabelt
aufgegabelt
fabelt
gefabelt
verkabelt

-aben
begaben
begraben
ergaben
erhaben
Gaben

Graben
graben
Haben
haben
laben
Raben
schaben
Schwaben
traben
umgaben
vergaben
vergraben
→ *-abe*

-aber
Gelaber
Gewaber
Haber
Kandelaber
makaber
Schaber
Traber
Wenn und Aber

-ach = Schmach
brach

dagemach
demgemach
gebrach
Gemach
nachgemach
Ungemach

-ach = ach!
Ach und Weh
Almanach
Bach
Dach
Fach
-fach
flach
Krach
Mach
Schach
schwach
vielfach
wach
→ *-achen*

-ache = Sprache
Brache
L-/lache

-ache = Drache
Gekrache
L-/lache
Nebensache
Rache
Sache
Wache
→ *-ach*

-achel
Hachel
Kachel
Stachel
→ *-acheln*

-acheln
kacheln
stacheln
→ *-achel*

-achen = Aachen
besprachen
brachen
erbrachen
erstachen
sprachen
stachen
unterbrachen
versprachen
zerbrachen
→ *-ache*

-achen = Drachen
belachen
bewachen
entfachen
erwachen
krachen
lachen
machen
Rachen
überdachen
verkrachen
verlachen
vermachen
wachen
→ *-ach*

-acher
Bewacher
Geschacher
Kracher
Lacher
Liedermacher
Macher
Schacher
Widersacher

-acho = -atscho
Gazpacho
Macho

-achsel
Achsel
Gekraxel

-achseln
Achseln
kraxeln

(A) -achsen
durchwachsen
erwachsen

Faxen
flachsen
gewachsen
knacksen
Sachsen
verknacksen
verwachsen
wachsen

-acht
abgemacht!
angebracht
angedacht
angelacht
angemacht
aufgebracht
aufgemacht
aufgewacht
ausgedacht
ausgelacht
B-/bedacht
belacht
Betracht
bewacht
durchdacht
entfacht
erdacht
Fracht
gebracht
gedacht
gekracht
gelacht
gemacht
Jacht
Macht

Mitternacht
Nacht
Niedertracht
Pacht
Pracht
sacht
Schacht
Schlacht
Tracht
überdacht
umgebracht
unbedacht
verbracht
Verdacht
verkracht
verlacht
Vorbedacht
vorgemacht
W-/wacht
zugedacht

-achtel
Achtel
Schachtel
Spachtel
Wachtel
→ *-achteln*

-achteln
achteln
spachteln
verschachteln
verspachteln
→ *-achtel*

-achten
beachten
bedachten
betrachten
brachten
dachten
entmachten
erachten
gedachten
pachten
schlachten
schmachten
trachten
übernachten
umnachten
verachten
verbrachten
verfrachten
verschmachten
→ *-achen*

-achter
Achter
Betrachter
Frachter
Schlachter
→ *-acht*

-achtet
ausgeschachtet
entmachtet
geachtet
schachtet
schlachtet
umnachtet
ungeachtet
→ *-achen*

-achtsam
achtsam
bedachtsam

-achtung
Achtung
Beachtung
Betrachtung
Entmachtung
Schlachtung
Übernachtung
Umnachtung
Verachtung

-achung
Bedachung
Bewachung
Verflachung

-ack
Anorak
Geschmack
huckepack
Lack
Pack

Plaque
Sack
Schabernack
tick-tack!
Truck
Wrack
→ *-acken*

-acke
Attacke
Backe
Baracke
Hacke
Jacke
Macke
Schabracke
Schlacke
→ *-ack*

-ackel
Dackel
Fackel
Gefackel
Lackel
→ *-ackeln*

-ackeln
fackeln
quackeln
schnackeln
wackeln
→ *-ackel*

-acken
backen
entschlacken
hacken
knacken
Macken
Nacken
Packen
packen
placken
sacken
verpacken
versacken
Zacken
zerhacken
zerknacken
zwacken
→ *-acke*

-acker
Acker
Geflacker
Gegacker
Hacker
Knacker
Macker
Packer
Racker
wacker
→ *-ackern*

-ackern
ackern
beackern
flackern
gackern
rackern

schlackern
→ *-acker*

-ackig (-ich)
brackig
knackig
nackig
pausbackig
zackig
→ *-acken*

-ackst
angeknackst
Axt
entschlackst
flachst
→ *-achsen*

-ada
Armada
Intrada
Suada

-addel
Paddel
Quaddel

-addy
Caddy
Daddy

-ade =Jade
Arkade
B-/bade
Ballade
Balustrade
Barrikade
Blockade
Brigade
Dekade
Eskapade
fade
Fassade
gerade
Gestade
Gnade
Kanonade
Kolonnade
Limonade
Made
Marinade
Marmelade
Maskerade
Parade
Pomade
Promenade
Remoulade
Roulade
S-/schade
Scharade
Schokolade
Schwade

Serenade
Tirade
Wade
Zikade
→ *-aden*

-adel
Adel
Madel
Nadel
Stadel
Tadel
→ *-adeln*

-adeln
adeln
nadeln
radeln
tadeln
→ *-adel*

-aden
baden
beladen
eingeladen
entladen
Faden
Fladen

geladen
Kameraden
L-/laden
S-/schaden
verladen

-ader
Ader
Geschwader
Hader
Hinterlader
Kader
Quader
Vorderlader

-adet
ausgebadet
begnadet
gebadet
unbeschadet
→ *-aden*

-adler
Adler
Radler

-ado
Avocado
Desperado
Eldorado
Mikado
Tornado

-ä
buh und bäh!
jäh
muh und
 mäh!
Palais
Porträt
Relais
Schmäh
zäh
→ *-ähen*
→ *-e*

-äbe
gang und gäbe
Stäbe
→ *-ebe*

-äbel
Faible
Geschnäbel
Säbel
→ *-ebel*

-äbig (ich)
behäbig
gäb ich
schäbig
→ *-ebig*

-äbnis
Begräbnis
→ *-ebnis*

-ächel
fächel
Gefächel
Gelächel
→ *-ächeln*

-ächeln
belächeln
fächeln
lächeln
→ *-echeln*

-ächelt
angelächelt
gelächelt
zugelächelt
→ *-ächeln*
→ *-echelt*

-ächen
rächen
schwächen
→ *-ache*
→ *-echen*

-ächer
Dächer
Fächer
Gemächer
Rächer
schwächer
→ *-echer*

-ächlich
gemächlich
hauptsächlich
nebensächlich
oberflächlich

sächlich
schwächlich
tatsächlich
ursächlich
→ *-echlich*

-ächt
Gemächt
gerächt
geschwächt
→ *-echt*

-ächten
brächten
dächten
rächten
schächten
schwächten
→ *-acht*
→ *-echten*

-ächter
Gelächter
Kostverächter
Pächter
Schächter
Schlächter
Verächter
Wächter

-ächtig (-ich)
allmächtig
bedächtig
eigenmächtig
mächtig
niederträchtig
prächtig
schmächtig
trächtig
verdächtig

-ächtigt
bemächtigt
ermächtigt
genächtigt
verdächtigt

-ächtlich
beträchtlich
nächtlich
verächtlich
→ *-echtlich*

-ächtnis
Gedächtnis
Vermächtnis

-ächtung
Ächtung
Schächtung
→ *-echtung*

-ächzen
ächzen
krächzen

-äck
Comeback
Gag
Gebäck
Gepäck
→ *-eck*

-äcke
Fräcke
Säcke
→ *-ecke*

-äckseln
häckseln
sächseln
→ *-echseln*

-ädeln
fädeln
den Mädeln
rädeln

-äden
Fäden
Läden
Schäden
→ *-eden*

-äder
Bäder
Räder
→ *-eder*

-ädisch
enzyklo-
pädisch
logopädisch
orthopädisch

-äfe
Schläfe
träfe
→ *-efe*

-äfen
Häfen
träfen

-äfer
Käfer
Schäfer
Schläfer

-äff
Gekläff
→ *-eff*

-äffe
Gekläffe

-äffen
äffen
kläffen
→ *-effen*

-äfft
Geschäft
kläfft
nachgeäfft
→ *-eft*

-äfig (-ich)
Käfig
träf ich

-äflich
gräflich
sträflich

-äften
äfften
entkräften
Geschäften
kläfften
nach Kräften
→ *-aft*

-äftig (-ich)
bekräftigt
entkräft ich
geschäftig
kräftig

-äg
schräg
träg
→ *-ägen*
→ *-ek*

-äge
Beläge
Gepräge
Säge
Schräge
träge
→ *-ag/-ägen*
→ *-ege*

-ägel
Schlägel
→ *-egel*

-ägen
erwägen
Mägen
prägen
sägen
schrägen
trägen
wägen
zersägen
→ *-ag*
→ *-egen*

-ägend
prägend
sägend
→ *-ägen*
→ *-egend*

-äger
Fahnenträger
Jäger
Kläger
Schläger
träger
→ *-eger*

-äglich
alltäglich
erträglich
kläglich
tagtäglich
täglich
unsäglich
unzuträglich
verträglich
→ *-eglich*

-ägt
abgesägt
abgeschrägt
schlägt
→ *-ägen*
→ *-egt*

-ägung
Erwägung
Prägung
→ *-egung*

-ähe
Koryphäe
Krähe
Nähe
sähe
Trophäe
zähe
→ *-ähen*
→ *-ehe*

-ähen
blähen
krähen
mähen
nähen
Propyläen
Pyrenäen
säen
sähen
schmähen
spähen
vernähen
verschmähen
→ *-ähe*
→ *-ehen*

-äher
Europäer
jäher
näher
Späher
zäher
→ *-eher*

-ählen
erwählen
erzählen
quälen
schälen
stählen
vermählen
verwählen
verzählen
wählen
zählen
→ *-al*
→ *-ehlen*

-ählend
erzählend
quälend
→ *-ählen*

-ähler
Erzähler
Pennäler
schmäler
Täler
Wähler
Zähler
→ *-ehler*

-ählern
den Erzählern
schmälern
stählern
→ *-ähler*

-ählig (-ich)
allmählich
schmählich
überzählig
unzählig
→ *-ählen*
→ *-ehlig*

-ählt
abgewählt
auserwählt
erwählt
erzählt
gequält
geschält
gestählt
gewählt
gezählt
ungeschält
ungezählt
unvermählt
vermählt
verquält
→ *-ählen*
→ *-ehlt*

-ählte
erwählte
erzählte
ungezählte
Vermählte
→ *-ählen / -ählt*

-ählung
Erzählung
Vermählung
Zählung
→ *-ehlung*

-ähnen
erwähnen
gähnen
T-/tränen
wähnen
→ *ehnen*

-ähnung
Erwähnung

-ä – isch
Aramäisch
europäisch
H/hebräisch
→ *-e – isch*

-äkel
Schäkel
→ *-ekel*

-äkeln
häkeln
mäkeln
räkeln
→ *-ekeln*

-äker
Geschäker
Quäker
S-/schäker
Shaker

-älber
Kälber

-älde
in Bälde
→ *-elde*

-älder
Wälder
→ *-elder*

-äle
Admiräle
→ *-ählen*
→ *-ele*

-älge
Bälge
Bälger
→ *-elge*

-älk
Gebälk

-älle
Bälle
fälle
Gefälle
vergälle
→ *-all*
→ *-elle*

-ällen
fällen
vergällen
→ *-all*
→ *-ellen*

-äller
Geträller
→ *-eller*

-ällig (-ich)
augenfällig
fällig
gefällig

selbstgefällig
störanfällig
unauffällig
überfällig
wohlgefällig
→ *-ellig*

-ält
behält
fällt
gefällt
verfällt
→ *-ellt*

-älte
Eiseskälte
Kälte
vergällte

-älten
erkälten
fällten
vergällten
→ *-elten*

-älter
älter
Behälter
gefällter
kälter
→ *-elter*

-ältig (-ich)
hinterhältig
tausendfältig

-ältlich
ältlich
erhältlich
vorbehältlich
→ *-eltlich*

-ältung
Erkältung
→ *-eltung*

-älzen
mälzen
wälzen
→ *-elzen*

-älzer
Mälzer
Pfälzer
Wälzer

-äme
gräme
Häme
→ *-eme*

-ämen
beschämen
bezähmen
entnähmen
grämen
kämen
lähmen
nähmen
schämen
unternähmen

verbrämen
vergrämen
vernähmen
zähmen
→ *-emen*

-ämer
Krämer
→ *-emer*

-ämisch
flämisch
hämisch
sämisch
→ *-emisch*

-ämlich
dämlich
grämlich
nämlich

-ämme
D-/dämme
→ *-ämmen*
→ *-emme*

-ämmen
dämmen
kämmen
→ *-emmen*

-ämmer
Gehämmer
Hämmer
Lämmer

-ämmern
belämmern
dämmern
hämmern
verdämmern

-ämp
Camp
Champ
Tramp
Vamp

-ämpe
campe
Kämpe
trampe

-ämpen
campen
trampen

-ämpfe
D-/dämpfe
kämpfe
→ *-ampf*

-ämpfer
Dämpfer
Kämpfer

-ämpft
abgekämpft
dämpft
gedämpft
umkämpft

-ämse
Gämse
→ *-emse*

-ämt
gelähmt
gezähmt
lähmt
ungezähmt
verschämt
verbrämt
vergrämt
zähmt
→ *-ämen*

-ämter
Ämter
gedämmter
ungedämmter
→ *-ämmt*
→ *-emter*

-ämung
Beschämung
Lähmung
Verbrämung
Zähmung
→ *-emung*

-än
Kapitän
mondän
S-/souverän
→ *-ähnen*
→ *-en*

-änd
Band
Cumberland
Disneyland
Dixieland
→ *-ent*

-ände
Bände
behände
Brände
Gelände
Wände
→ *-ende*

-ändel
Bändel
Getändel
Händel
→ *-ändeln*
→ *-endel*

-ändeln
tändeln
umrändeln
vertändeln
→ *-ändel*

-änden
Bänden
befänden
empfänden
erfänden
fänden
pfänden
schänden
schwänden
ständen
verbänden
verpfänden
verschwänden

-änder
Bänder
Geländer
Pfänder
Schänder
Ständer
→ *-ender*

-ändi
Andy
Brandy
Dandy
Handy
→ *-endi*

-ändig (-ich)
beständig
eigenhändig
eigenständig
geständig
ständig
unanständig
unselbst-
ständig
unvollständig
unzuständig
verständig
→ *-endig*

-ändigt
ausgehändigt
gebändigt
verständigt

-ändler
Händler
Ländler
Ruheständler
Tändler
Unterhändler

-ändlich
gegenständ-
lich
ländlich
miss-
verständlich
schändlich
selbstver-
ständlich
unmiss-
verständlich
verständlich
→ *-enntlich*

-ändnis
Einverständ-
nis
Geständnis
Verständnis
→ *-enntnis*

-ändung
Pfändung
Schändung
→ *-endung*

-äne
Däne
Domäne
erwähne
Fontäne
gähne
Gegähne
Hähne
Hyäne
Mähne
Migräne
mondäne
Moräne
Muräne
Quarantäne
Strähne
Träne
Zähne
→ *-ähnen*

-änge
dränge
Empfänge
Gedränge
Gehänge
Gepränge
Gestänge
Länge
→ *-ängen*
→ *-enge*

-ängel
bemängel
Gedrängel
Mängel
→ *-ängeln*
→ *-engel*

-ängeln
bemängeln
drängeln
gängeln
schlängeln

-ängen
bedrängen
behängen
drängen
hängen
Längen
sprängen
verdrängen
verhängen
zwängen
→ *-änge/-ang*
→ *-engen*

-änger
Doppelgänger
Einzelgänger
Empfänger
Fänger
länger
Sänger

-änglich
bänglich
empfänglich
länglich
lebenslänglich
überschwäng-
lich
unumgänglich
unzugänglich
unzulänglich
verfänglich
vergänglich
→ *-englig*

-ängnis
Bedrängnis
Empfängnis
Gefängnis
Verhängnis

-ängst
drängst
längst
→ *-ängen*
→ *-engst*

-ängt
angehängt
bedrängt
eingehängt
eingezwängt
gedrängt
gehängt
hingehängt
verdrängt
→ *-ängen*
→ *-engt*

-änk
Getränk
Gezänk
→ *-änken*
→ *-enk*

-änke
Bänke
Getränke
Gezänke
kränke
Ränke
→ *-änken*
→ *-enke*

-änkel
Geplänkel
→ *-enkel*

-änkeln
kränkeln
plänkeln
→ *-enkeln*

-änkelt
angekränkelt
kränkelt

-änken
beschränken
kränken
schränken
tränken
verschränken
→ *-änke*
→ *-enken*

-änker
Gestänker
kränker
Zänker
→ *-enker*

-änkern
stänkern

-änklich
kränklich
→ *-enklich*

-änkt
beschränkt
eingeschränkt
gekränkt
getränkt
schränkt
uneinge-
schränkt
unumschränkt
verschränkt
→ *-änken*
→ *-enkt*

-änktheit
Beschränkt-
heit
Gekränktheit

-än
Fan
Gentleman
Selfmademan
→ *-enn*

-änner
Jänner
Männer
Scanner
→ *-enner*

-ännlich
männlich
→ *-ennlich*

-änze
bekränze
in Gänze
Kränze
→ *änzen*

-änzeln
schwänzeln
tänzeln
→ *-enzeln*

-änzen
bekränzen
ergänzen
glänzen
schwänzen
→ *-anz*

-änzer
Schwänzer
Tänzer
→ *-enzer*

-änzt
bekränzt
glänzt
→ *-änzen*
→ *-enzt*

-änzung
Bekränzung
Ergänzung

-äpp
Handicap
Rap
→ *-epp*

-äppchen
Häppchen
Schnäppchen

-äppe
rappe
zappe
→ *-eppe*

-äppen
rappen

zappen
→ *-eppen*

-äppeln
päppeln
veräppeln

-äppelt
aufgepäppelt
veräppelt

-äppert
zusammen-
geläppert
→ *-eppert*

-äppisch
läppisch
täppisch

-är
Aktionär
autoritär
Bär
elitär
fair
familiär
Flair
Gewähr
illusionär
imaginär
inflationär
konträr
legendär
Legionär
Mär
Militär
Millionär
Mohair
Necessaire
Open Air
ordinär
Parlamentär
Pensionär
populär
prekär
reaktionär
regulär
R-/revolutio-
när
Sekretär
sekundär
Solitär
spektakulär
stationär
ungefähr
Veterinär
visionär
Volontär
→ *-er*

-ärben
entfärben
färben
verfärben
→ *-erben*

-ärber
Entfärber
Färber
→ *-erber*

-ärche
Lärche
→ *-erche*

-ärde
G-/gebärde
→ *-erde*

-ärden
G-/gebärden
gefährden
→ *-erden*

-ärdig (-ich)
ungebärdig
→ *-erdig*

-äre
Affäre
Ähre
Aktionäre
Atmosphäre
Fähre
Hemisphäre
Schäre
Sphäre
Stratosphäre
→ *-är/-ären*
→ *-ere*

-ären
Bären
bewähren
erklären
ernähren
gären
gebären
gewähren
jähren
klären
nähren
verjähren
verklären
währen
wären
→ *-ehren*

-ärer
autoritärer
Erklärer
Ernährer
→ *-ehrer*

-ärfe
S-/schärfe
→ *-ärfen*

-ärfen
entschärfen
schärfen
verschärfen
→ *-erfen*

-ärig (-ich)
bärig
hundertjährig
jährig
obergärig
willfährig
→ *-ären*
→ *-erig*

-ärisch
militärisch
sphärisch
→ *-erisch*

-ärke
S-/stärke
→ *-erke*

-ärken
bestärken
stärken
verstärken
→ *-erken*

-ärker
stärker
Verstärker
→ *-erker*

-ärkung
Stärkung
Verstärkung

-ährlich
alljährlich

erklärlich
gefährlich
jährlich
spärlich
→ *-ehrlich*

-ärm
Gedärm
Lärm
→ *-ärmen*

-ärme
Därme
Gedärme
Gelärme
lärme
Schwärme
Wärme
→ *-ärmen*
→ *-erme*

-ärmen
erwärmen
lärmen
schwärmen
umschwärmen
wärmen
→ *-ermen*

-ärmer
ärmer
Schwärmer
wärmer

-ärmlich
ärmlich
erbärmlich

-ärmt
aufgewärmt
ausge-
schwärmt
erwärmt
geschwärmt
lärmt
umlärmt
umschwärmt
verhärmt
→ *-ärmen*

-ärrisch
närrisch
→ *-errisch*

-ärse
Färse
→ *-erse*

-ärt
abgeklärt
aufgeklärt
bewährt
erfährt
Gefährt
geklärt
klärt
unterernährt
verjährt
verklärt
wohlgenährt
→ *-ären*
→ *-ehrt*

-ärte = Fährte
Gefährte

-ärte = Bärte
Härte
plärrte
→ *-ert/-erten*

-ärten
Bärten
erhärten
Gärten
härten
plärrten
verhärten
→ *-erten*

-ärter
härter
Wärter

-ärtet
gehärtet
härtet
→ *-ärten*

-ärtheit
Abgeklärtheit
Aufgeklärtheit
Verklärtheit
→ *-ehrtheit*

-ärtig (-ich)
anderwärtig
bärtig
gegenwärtig
gewärtig
widerwärtig
→ *-ertig*

-ärts = März
anderwärts
aufwärts
himmelwärts
niederwärts
→ *-erz*

-ärung
Bewährung
Erklärung
Ernährung
Gewährung
Klärung
Verjährung
Verklärung
Währung
→ *-ehrung*

-ärze
Schwärze
→ *-erze*

-ärzen
Märzen
schwärzen
→ *-erzen*

-ärzt
angeschwärzt
geschwärzt
→ *-erzt*

-äsch
Cash
Crème fraîche
Gewäsch
→ *-esch*

-äsche
Äsche
Wäsche
→ *-esche*

-äscher
Häscher
Wäscher
→ *-escher*

-äse
Chaise
Fräse
Geäse
Gebläse
Käse
Majonnaise
Polonaise
→ *-äsen*
→ *-ese*

-äsen
äsen
fräsen
käsen
→ *-äse*
→ *-esen*

-äser
Bläser
Fräser
Gläser
Gräser
Käser
Präser
→ *-eser*

-äß
Gefäß
gemäß
Gesäß
sachgemäß
termingemäß
zeitgemäß
→ *-es*

-äße
Gefäße
Späße

-ässe
Blässe
Nässe
→ *-ass*
→ *-esse*

-ässer
blässer
Fässer
Gewässer
nässer
verwässer
→ *-esser*

-äßig (-ich)
gefräßig
mäßig
übermäßig
unbotmäßig
ungleichmäßig
unmäßig

-ässig (-ich)
gehässig
lässig
ortsansässig
unablässig
undurchlässig
unzulässig
zuverlässig
→ *-essig*

-ässlich
blässlich
grässlich

hässlich
unerlässlich
verlässlich
→ *-esslich*

-äst
durchnässt
Geäst
→ *-est*

-äste
durchnässte
Geäste
→ *-ast/ästen*
→ *-este*

-ästelt
eingekästelt
verästelt
→ *-estelt*

-ästigt
belästigt
→ *-estigt*

-ästung
Mästung
→ *-estung*

-ät
Aktivität
Aktualität
Antiquität
aufgebläht
Autorität
Banalität
Brutalität
Elektrizität
Extremität
Fakultät
Festivität
Formalität
Frivolität
Genialität
Gerät
Humanität
Kapazität
Kreativität
Kuriosität
Lokalität
Mentalität
Musikalität
näht
Nationalität
Nervosität
Objektivität
Originalität
Passivität
Pietät
Popularität
Pubertät
Qualität
Quantität
Rarität
Realität
Rivalität
Sensibilität
spät
Spezialität
Stabilität
Universität
verschmäht
Virtuosität
zugenäht
→ *-ähen*
→ *-et*

-äte
abgemähte
Drähte
Geräte
Gräte
Nähte
Städte
→ *-ete*

-äten
Diäten
jäten
verspäten
→ *-eten*

-äter
Äther
Attentäter
Bräter
Einkaräter
Missetäter
Sanitäter
später
Täter
Übeltäter
Väter
Verräter
→ *-eter*

-ätig (-ich)
grätig
hochkarätig
tätig
wundertätig
→ *-etig*

-ätisch
diätisch
gravitätisch
majestätisch
paritätisch
→ *-etisch*

-ätlich
tätlich
→ *-edlich*

-ätsch
Catch
Match
→ *-etsch*

-ätsche
G-/grätsche
Kardätsche
→ *-ätschen*

-ätschen
catchen
→ *-etschen*

-ätsel
Rätsel
→ *-ezel*

-ätseln
enträtseln
Rätseln
→ *-ezeln*

-ätte
G-/glätte
Plätte
Stätte
→ *-ätten*
→ *-ette*

-ättel
Sättel

-ätten
glätten
hätten
Plätten
Stätten
→ *-etten*

-ätter
Blätter
entblätter
glätter
→ *-etter*

-ättern
blättern
entblättern
→ *-ätter*

-ättert
blättert
entblättert
geblättert
→ *-ättern*

-ätz
Geschwätz
→ *-ätzen*
→ *-etz*

-ätzbar
schätzbar
unschätzbar
→ *-etzbar*

-ätze
Besätze
ich ätze
Krätze
→ *-etze*

-ätzen
ätzen
schätzen
schwätzen
überschätzen
unterschätzen
verätzen
vergrätzen
verschätzen
→ *-etzen*

-ätzer
Ätzer
Schätzer
Schwätzer
→ *-etzer*

-ätzig (-ich)
geschwätzig
krätzig
→ *-etzig*

-ätzle
Spätzle

-ätzlich
gegensätzlich
grundsätzlich
→ *-etzlich*

-ätzt
abgeschätzt
eingeätzt
eingeschätzt
schätzt
überschätzt
unterschätzt
verätzt
vergrätzt
→ *-ätzen*
→ *-etzt*

-ätzung
Ätzung
Schätzung
→ *-etzung*

-ä -um
Athenäum
Jubiläum
→ *-e – -um*

-afe
schlafe
Strafe
→ *-afen*

-afel
Geschwafel
schwafel
T-/tafel

-afeln
schwafeln
T-/tafeln

-afen
entschlafen
Hafen
schlafen
Strafen

trafen
verschlafen

-aff
baff
Bluff
Haff
Kaff
piff-paff!
schlaff
straff
→ *-affen*

-affe
Affe
Agraffe
Giraffe
Karaffe
Laffe
Waffe
→ *-affen*

-affel
Gaffel
Raffel
Staffel
Waffel

-affen
beschaffen
blaffen
bluffen
erschaffen
erschlaffen
gaffen
geschaffen
klaffen
paffen
raffen
schaffen
straffen
vergaffen
wohlbe-
schaffen
→ *-affe*

-affer
Bluffer
Gaffer
Metapher
Raffer
schlaffer
straffer

-affung
Beschaffung
Erschlaffung
Raffung
Schaffung
Straffung

-aft
= -schlaft
bestraft
gestraft
Hovercraft
ungestraft
vorbestraft
→ *-afen*

-aft = fabel-
haft
Anwartschaft
Bauernschaft
beispielhaft
Bruderschaft
Bürgerschaft
damenhaft
ehrenhaft
Eigenschaft
ekelhaft
Elternschaft
Errungen-
schaft
fehlerhaft
fieberhaft
flatterhaft
flegelhaft
frevelhaft
Gegnerschaft
geisterhaft
gewissenhaft
gönnerhaft
grauenhaft
greisenhaft
Körperschaft
Kraft
Leidenschaft
Machenschaft
mangelhaft
märchenhaft
massenhaft
meisterhaft
Meisterschaft
musterhaft
Nachbarschaft
Partnerschaft
Rechenschaft
Saft
sagenhaft
Schaft
schemenhaft
schleierhaft
Studenten-
schaft
stümperhaft
Urheberschaft
vorteilhaft
Wanderschaft
wechselhaft
Wissenschaft
zauberhaft
zweifelhaft
→ *-affen*

-aften
auskund-
schaften
beschafften
entsaften
haften

verhaften
verkraften
→ *-affen*

-after
abgeschlaffter
After
Entsafter
Klafter
→ *-aft*

-aftet
behaftet
gehaftet
verhaftet
→ *-aften*

-aftig (-ich)
leibhaftig
saftig
teilhaftig
wahrhaftig
→ *-aften*

-ag
Belag
Betrag
Ehrentag
Endbetrag
Ertrag
ich mag
quak!
Sarkophag
Schlag
Tag
Verlag
Vertrag
→ *-agen*

-agbar
beklagbar
einklagbar
tragbar
übertragbar
unsagbar
unschlagbar
untragbar

-age
Anlage
Frage
Gelage
heutzutage
Klage
Lage
Niederlage
Plage
Sage
Sportanlage
Trage
vage
verzage
Waage
zutage

-age
Bagage
Bandage
Beletage
Blamage
Collage
Courage
Etage
Gage
Garage
Karambolage
Korsage
Montage
Passage
Persiflage
Rage
Sabotage
Spionage
Takelage
Visage

-agel
Hagel
Nagel
Zagel

-ageln
hageln
nageln
verhageln
vernageln

-agelt
es hagelt
gehagelt
vernagelt
zugenagelt
→ *-ageln*

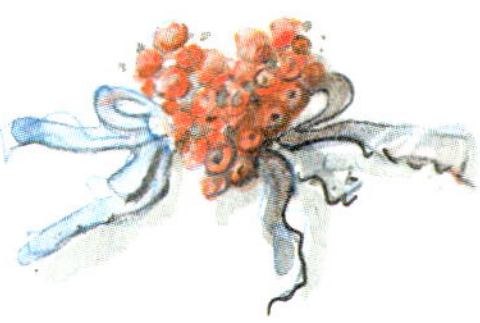

-agen
Behagen
beschlagen
Betragen
eingetragen
entsagen
ertragen
fortgetragen
fragen
geschlagen
getragen
hergetragen
jagen
klagen
Kragen
lagen
losgeschlagen
Magen
nagen
plagen
ragen
sagen
schlagen
sozusagen
tagen
tragen
überschlagen
Unbehagen
Unterlagen
unterschlagen
versagen

verschlagen
vertagen
vertragen
verzagen
W-/wagen
zugeschlagen
zugetragen
→ *-ag*

-ager
hager
Lager
Nachtlager
mager
Nager
Ruhelager
Schlager
Schwager
vager
Versager
→ *-agern*

-agern
belagern
lagern
verlagern
→ *-ager*

-agert
abgelagert
abgemagert
belagert
gelagert
vorgelagert
→ *-agern*

-agge
Flagge
Knagge

-agio
adagio
Agio
Disagio

-agisch
magisch
tragisch

-aglich
behaglich
fraglich
vertraglich

-agne
Bretagne
Kampagne
Lasagne

-ago
Brissago
Chicago
Imago
Sago

-agt
abgehakt
ausgefragt
ausgehakt
behagt
betagt
eingehakt
gefragt
gehakt
Jagd
Magd
überfragt
ungefragt
verzagt
→ *-agen / -agt*

-agtheit
Betagtheit
Gewagtheit
Verzagtheit

-agung
Befragung
Entsagung
Tagung
Übertragung
Unter-
schlagung
Untersagung
Verklagung
Vertagung

-ahe
beinahe
bejahe
N-/nahe
Rahe

-ahen
bejahen
geschahen
nahen
Rahen
sahen

-ahnden
ahnden
fahnden

-ahndung
Ahndung
Fahndung

-ahnung
Ahnung
Mahnung
Planung
Verzahnung
Zahnung

-aille
Bataille
Emaille
Journaille
Kanaille
Medaille
Taille

-a – isch
archaisch
prosaisch

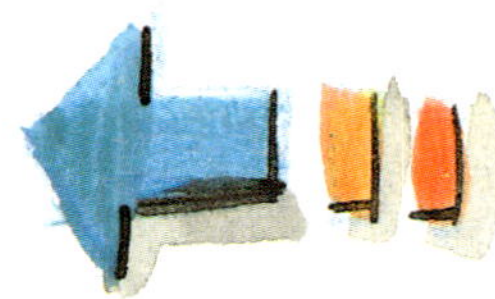

-ake
Bake
Gequake
Kakerlake
Kloake
Krake
Lake
Sake
Schnake
→ *-aken*

-ake (eek)
Remake
Shake
Steak
Take

-akel
Debakel
Makel
Mirakel
Orakel
Spektakel
Tabernakel
→ *-akeln*

-akeln
bekakeln
hakeln
kakeln

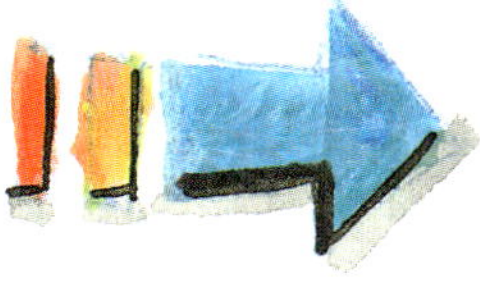

krakeln
makeln
orakeln
spektakeln
vermakeln
→ *-akel*

-akelt
abgetakelt
aufgetakelt
gehakelt
getakelt
hakelt
→ *-akeln*

-aken
blaken
H-/haken
Laken
quaken
sie erschraken
staken
→ *-ake*

-aki
Khaki
Raki
Sirtaki

-akt
abgehackt
abgesackt
abgeschmackt
abgewrackt
abstrakt
Akt
aufgeknackt
ausgepackt
Autodidakt
befrackt
bepackt
eingepackt
eingesackt
exakt
Extrakt
Fakt
geflaggt
gezackt
intakt
kompakt
Kontakt
Kontrakt
nackt
Pakt
Smaragd
Takt
Trakt
verknackt
versackt
vertrackt
→ *-acken*

-akter
Charakter
→ *-akt*

-aktik
Didaktik
Praktik
Taktik

-aktisch
didaktisch
faktisch
galaktisch
intergalaktisch
praktisch
prophylaktisch
taktisch

-aktor
Faktor
Kalfaktor
Reaktor
Traktor

-al
Aal
Admiral
andermal
anormal
Areal
Arsenal
banal
brutal
dazumal
diagonal
diametral
Differential
digital
dual
egal
emotional
fahl
Fanal
fatal

formal
frontal
fundamental
funktional
Gemahl
General
genial
global
Gral
hundertmal
I-/ideal
irrational
jedes Mal
jovial
kahl
Kanal
Kapital
Kardinal
Karneval
kolossal
Korporal
Kral
L-/lokal
legal
Lineal
loyal
Material
maximal
Mineral
minimal
monumental
Moral
neutral
normal
optimal

original
oval
pauschal
Pedal
Pfahl
Pokal
Portal
proportional
Qual
Quartal
radikal
real
Regal
Ritual
rustikal
S-/schal
Saal
sentimental
Signal
Skandal
sozial
spezial
Stahl
Strahl
Tal
total
Tribunal
triumphal
trivial
Überzahl
universal
V-/vokal
verbal
vital
Wahl

Wal
Zahl
zentral
zumal
→ *-alen*

-ala
Gala
Guatemala
Impala
Koala
Skala

-ala
→ *-alla*

-alb
Alb
anderthalb
außerhalb
halb
innerhalb
Kalb
Skalp

-albe
der falbe
halbe-halbe
S-/salbe
Schwalbe

-alben
allenthalben
die Alben
falben
halben
kalben
meinethalben
S-/salben
Schwalben

-albern
albern
kalbern
veralbern

-alde
Alkalde
Halde
Skalde
Walde

-ale
Berlinale
Biennale
Diagonale
Filiale
Finale
Geprahle
Kabale
Kathedrale
Orientale
Pauschale

Radikale
Randale
Rivale
Salto mortale
Sandale
Schale
Spirale
Totale
Zentrale
→ *-al/-alen*

-alen
aalen
Annalen
befahlen
bezahlen
empfahlen
mahlen
malen
prahlen
stahlen
verschalen
zahlen
→ *-al/-ale*

-aler
Kriminaler
Maler
Prahler
Strahler
Taler
→ *-al*

-alerisch
malerisch
prahlerisch

-alge
Alge
B-/balge
Gebalge

-algen
Algen
balgen
Galgen

-ali
Ali
Kali
Mali
Zyankali

-alie
Amalie
Chemikalie
Dahlie
Lappalie
Repressalie

-alien
Devotionalien
Fäkalien
Fressalien
Genitalien
Musikalien
Naturalien
→ *-al/-alie*

-alin
Gemahlin
Generalin
Orientalin
Prinzipalin
Rivalin

-alisch
animalisch
genialisch
infernalisch
mineralisch
moralisch
musikalisch
orientalisch
physikalisch
postalisch
theatralisch

-alk
Alk
Falk
Kalk
Katafalk
Schalk
Talg

-alke
Alke
Falke
→ *-alk*

-all
All
Ball
Befall
Drall
Fall
Festival
Geknall
Hall
Intervall
Krawall
Kristall
Metall
Mistral
Nachtigall
Overall
prall
Schall
Schwall
Stall
überall
Verfall
Wall
Wiederhall
Zusammen-
prall
→ *-allen*

-alla
Calla
Gala
Marsala

Narrhalla
Walhalla

-alle
Falle
Galle
Geknalle
Koralle
Kralle
Qualle
Schnalle
→ *-all/-allen*

-allen
Ballen
befallen
bestallen
durchgefallen
entfallen
erschallen
fallen
Gefallen
hallen
knallen
krallen
lallen
prallen
Sankt Gallen
schallen
schnallen
überfallen
verhallen
Wohlgefallen
zerfallen
zerknallen
zusammen-
ballen
zusammen-
prallen
→ *-all/-alle*

-alls
allenfalls
bestenfalls
falls
Hals
jedenfalls
keinesfalls
→ *-all/-allen*

-allung
Ballung
Beschallung
Bestallung
Stallung
Wallung

-alm
Alm
Halm
Psalm
Qualm
Salm

-alme
Palme
qualme
zermalme
→ *-alm*

-almen
Almen
Palmen
qualmen
zermalmen
→ *-alm*

-als
abermals
Anno
dunnemals
ehemals
→ *-al/-alen*

-alt = gemalt
aalt
angemalt
angezahlt
bemalt
geaalt
handgemalt
→ *-alen*

-alt = bald
abgeschnallt
abgeprallt
alsbald
Alt
angeschnallt
Asphalt
Aufenthalt
ballt
Basalt
dergestalt
Erhalt
geballt
Gehalt
Gestalt
Gewalt
H-/halt
Heilanstalt
Hinterhalt
kalt
Naturgewalt
Sachverhalt
sobald
Spalt
Staatsanwalt
Unterhalt
verknallt
Vorbehalt
Wald
Wohlgestalt
→ *-allen*

-alte
ballte
Balte

Falte
Spalte
→ *-allen*

-alten
entfalten
enthalten
erhalten
erkalten
falten
gestalten
halten
schalten
spalten
ungehalten
unterhalten
veralten
Verhalten
verwalten
vorbehalten
vorenthalten
walten
wohlbehalten
zerspalten
zusammen-
halten
→ *-allen/-alt*

-alter
Alleinunter-
halter
Alter
Büstenhalter
Erhalter
Falter
Federhalter
Gestalter
Kindesalter
Lebensalter
Psalter
Raumgestalter
Schalter
Unterhalter
Verwalter
→ *-alt*

-altet
abgeschaltet
ausgeschaltet
eingeschaltet
geschaltet
gestaltet
gefaltet
missgestaltet
umgeschaltet
ungestaltet
ungefaltet
veraltet
wohlgestaltet
→ *-allen*

-altig (-ich)
doppelspaltig
eisenhaltig
faltig
gewaltig
haltig
mannigfaltig
vielgestaltig
wortgewaltig
→ *-alten*

-altsam
enthaltsam
gewaltsam
unaufhaltsam
unterhaltsam

-altung
Enthaltung
Entfaltung
Erhaltung
Faltung
Gestaltung
Haltung
Mühewaltung
Schaltung
Spaltung
Umgestaltung
Unterhaltung
Verwaltung

-alung
Bemalung
Bestrahlung
Bezahlung
Strahlung
Überstrahlung
Untermalung
Verschalung
Verstrahlung
Zahlung

-alve
Malve
Salve
salve!

-alz
auf der Walz
Balz
Falz
Malz
Pfalz
Salz
Schmalz
→ *-alzen*

-alze
Falze
Gebalze
Geschnalze
Salze
Walze
→ *-alzen*

-alzen
balzen
falzen
gesalzen
malzen

salzen
schmalzen
schnalzen
versalzen
walzen

-alzer
Falzer
Schnalzer
Walzer

-alzig (-ich)
malzig
salzig
schmalzig
→ *-alzen*

-am = Gram
anschmiegsam
arbeitsam
aufmerksam
einfühlsam
einprägsam
infam
Kram
lahm
Melodram
mitteilsam
monogam
polygam
Rahm
Scham
tugendsam
unachtsam
unbeugsam
unduldsam
unfolgsam
unliebsam
unwegsam
unwirksam
zahm
→ *-amen*

-ama
= Drama
Fama
Lama
Panorama
Pyjama

-amba = Samba
caramba!
Mamba
Viola da gamba

-ambe
Gambe
Jambe
→ *-ambus*

-ambus
Bambus
Jambus

-ame
anschmieg-same
Dame
Entgegen-nahme
Name
Reklame
→ *-am / --amen*

-amen
Amen
besamen
Dramen
entnahmen
entrahmen
erlahmen
Examen
kamen
kramen

lahmen
Melodramen
nahmen
Panoramen
Rahmen
Samen
übernahmen
umrahmen
unternahmen
verkamen
vernahmen
→ *-am / -ame*

-amhaft
namhaft
schamhaft

-amik
Dynamik
Keramik

-amisch
damisch
dynamisch
keramisch

-amm
Abraham
am
Autogramm
Bräutigam
Chewinggum
Damm
Diagramm
Epigramm
Gramm
Hologramm
Kamm
Kilogramm
klamm
Lamm
Milligramm
Monogramm
Piktogramm
Programm
Schlamm
Schwamm
Slum

Stamm
Stenogramm
stramm
Tamtam
Telegramm
Tram
→ *-ammen*

-amme
Amme
Flamme
Ramme
Schramme
Wamme
→ *-amm/*
-ammen

-ammel
Bammel
Gebammel
Gegammel
Gestammel
Hammel
→ *-ammeln*

-ammeln
bammeln
gammeln
rammeln
sammeln
schrammeln
stammeln
vergammeln
verrammeln
versammeln

-ammelt
bammelt
eingesammelt
gebammelt
verrammelt
→ *-ammeln*

-ammlung
Sammlung
Versammlung

-ammen
entflammen
entstammen
flammen
rammen
schrammen
schwammen
stammen
strammen
verdammen
verschlammen
verslumen
zusammen
→ *-amm/*
-amme

-ammer
Drummer
Gejammer
Hammer
Jammer
K-/klammer
Kammer
strammer

-ammern
jammern
klammern
→ *-ammer*

-ammig
(-ich)
flammig
hundert-
flammig
schlammig
schwammig
→ *-ammen*

-ammler
Gammler
Rammler
Sammler

-ampe
Krampe
Lampe
Rampe
Schlampe
Wampe

-ampel
Ampel
Gehampel
Gestrampel
Getrampel
Trampel
→ *-ampeln*

-ampeln
hampeln
strampeln
trampeln

-ampf
Dampf
Gestampf
Kampf
Krampf
→ *-ampfen*

-ampfe
dampfe
Gestampfe
Klampfe
mampfe
→ *-ampf/-*
apfen

-ampfen
dampfen
krampfen
mampfen
stampfen
verdampfen
verkrampfen
zerstampfen

-ampfer
Ampfer

Dampfer
Kampfer
Sauerampfer
Stampfer

-ampft
abgedampft
angedampft
dampft
gedampft
verkrampft
vorbeige-
stampft
→ *-ampfen*

-ampig
pampig
schlampig

-ampus
Campus
Krampus
Schampus
→ *-amm*

-amt = verkramt
ausgekramt
ausgeschamt
eingerahmt
entrahmt
nachgeahmt
→ *-amen*

-amt = Amt
allesamt
angestammt
entflammt
gesamt
insgesamt
Samt
verdammt
zerschrammt
→ *-ammen*

-amung
Besamung
Entrahmung
Rahmung

-an = Bahn
abgetan
Ahn
angetan
Autobahn
Baldrian
Blödian
Caravan
Cellophan
Clan
Dekan
Dummerjan
Eisenbahn
Enzian
Fasan
filigran
Galan
Grobian
Hahn
human
Kahn
Kaplan
Kastellan
Katamaran
Koran
Kumpan
Liederjan
Marzipan
Meridian
momentan
Organ
Orkan
Ozean
Pan
Pavian
Plan
Porzellan
profan
Roman
Scharlatan
Schlendrian
Schwan
simultan
Sopran
Span
spontan
Straßenbahn
Thymian
untertan
Uran
urban
Vatikan
Veteran
Vulkan
Wahn
Zahn
zugetan

-ana
Fata Morgana
Ikebana
Marihuana
Nirwana
Toskana

-ance = France
Alliance
Chance
Fayence
Nonchalance
Nuance
par excellence
Renaissance
Séance
Trance
Usance

-anda
Panda
Propaganda
Ruanda
Uganda
Veranda

-ande
Bande
Girlande
Grande
hierzulande
imstande
Konterbande
Sarabande
Schande
→ *-anden / -ant*

-andel
Handel
Mandel
Wandel
→ *-andeln*

-andeln
behandeln
Girlanden
handeln
misshandeln
unterhandeln
verbandeln
verhandeln
verschandeln
verwandeln
wandeln
→ *-andel*

-andelt
angebandelt
eingehandelt
handelt
misshandelt
unbehandelt
verschandelt
verwandelt
→ *-andeln*

-anden
abgestanden
abhanden
angestanden
B-/banden
befanden
bestanden
die Anden
einverstanden
entstanden
erfanden
erstanden
fanden
gestanden
landen
schwanden
standen
stillgestanden!
stranden
überstanden
umranden
unverstanden
versanden
verschwanden
verstanden
vorhanden
widerstanden
zugestanden
zuschanden
→ *-ande / -ant*

-ander
Durchei-
nander
einander
Expander
miteinander
Oleander
Palisander
Salamander
Zander
zueinander

-andern
die andern
Flandern
wandern
→ *-ander*

-andert
abgewandert
ausgewandert
bewandert
gewandert
wandert

-andet
angelandet
gestrandet
gewandet
umrandet
versandet
→ *-anden*

-andlung
Behandlung
Handlung
Misshandlung
Verhandlung
Verschand-
lung
Verwandlung
Wandlung

-ando
Glissando
Kommando
Parlando
Ritardando

-andrer
ein andrer
Wandrer

-andung
Brandung
Landung
Umrandung

-ane
A-/ahne
Banane
Fahne
Karawane

Kleptomane
Liane
Membrane
Plane
Platane
Pyromane
Sahne
Schikane
Soutane
→ *-an*
ich ahne
→ *-anen*

-anen
ahnen
bahnen
erahnen
ermahnen
mahnen
planen
vermahnen
verplanen
verzahnen
zahnen
→ *-an/-ane*

-aner
Börsianer
Dominikaner
Eisenbahner
Franziskaner
Indianer
Insulaner
Lipizzaner
Primaner
Puritaner
Republikaner
Silvaner
Spartaner
Straßen-
bahner
Venezianer
Wagnerianer
→ *-an*

-ang
Abgesang
bang
Belang
bislang
Bumerang
direktemang
Drang
Empfang
entlang
Fang
Gang
Gesang
Grabgesang
Hang
Klang
lang
lebenslang
Lobgesang
mittenmang
Müßiggang
nächtelang
Notausgang
Rang
solang

Strang
Tang
Tatendrang
Übergang
Überhang
Überschwang
Untergang
Yin und Yang
Zusammen-
hang
Zwang
→ *-angen*

-ange
bange
Belange
lange
Range
Schlange
solange
Spange
Stange
Wange
Zange
zugange
→ *-ang/-angen*

-angel
A-/angel
Gerangel
Mangel
Tingeltangel
Triangel
→ *-angeln*

-angeln
angeln
hangeln
mangeln
rangeln
→ *-angel*

-angen
abgehangen
anbelangen
angefangen
B-/belangen
bangen
befangen
begangen
behangen
besangen
bezwangen
die langen
drangen
durchdrangen
eingefangen
eingegangen
empfangen
entgangen
entsprangen
erklangen

erlangen
fangen
gegangen
gehangen
gelangen
klangen
langen
sangen
schlangen
schwangen
sprangen
umfangen
umschlangen
Unterfangen
untergegangen
vergangen
verhangen
verklangen
verlangen
verschlangen
zwangen
→ *-ange*

-anger
Anger
banger
langer
Pranger
schwanger

-anglos
belanglos
klanglos
sanglos
zwanglos

-ango
Fango
Mango
Tango

-anik
Botanik
Mechanik
Panik
Romanik

-anisch
botanisch
dominikanisch
friderizianisch
galvanisch
gregorianisch
indianisch
lutheranisch
manisch
mechanisch
mexikanisch
nympho-
manisch
organisch
panisch
puritanisch
republikanisch
romanisch

satanisch
spanisch
spartanisch
venezianisch
vulkanisch

-ank
Bank
blank
Dank
Gestank
Gezank
krank
Punk
schlank
Schrank
Schwank
Tank
Trank
Zank
→ *-anken*

-anke
blanke
danke!
Flanke
Gedanke
Geranke
Gezanke
Planke
Pranke
Ranke
Schranke
→ *-ank* /
-anken

-anken
Banken
bedanken
betranken
danken
erkranken
ertranken
Franken
kranken
ranken
sanken
Schranken
schwanken
stanken
tanken
tranken
umranken
verdanken
versanken
wanken
zanken
→ *-ank* / *-anke*

-anker
Anker
Janker
Kranker
Punker
Tanker
→ *-ank*

-anko
blanko
franko
Manko

-ankt
abgedankt
beschrankt
er dankt
erkrankt
gedankt
getankt
Sankt
sei bedankt!
umrankt
vollgetankt
→ *-anken*

-ankung
Erkrankung
Schwankung
Verschlankung

-anlos
planlos
zahnlos

-ann
alsdann
an
Bann
bergan
dann
daran
Don Juan
Gespann
gewann
Hampelmann
heran
hinan
hintan
irgendwann
kann
man
Mann
ran
Rührmich-
nichtan
Run
sodann
Spann
Tann
Tyrann
voran
wann
woran
→ *-annen*

-anna
Havanna
hosianna!
Manna

-anne
Banne
dem Manne
Gespanne
Kanne
Panne
Pfanne
Savanne
Spanne
Tanne
verbanne
Wanne
→ *-annen*

-annen
bannen
begannen
bemannen
besannen
bespannen
entmannen
entrannen
entsannen
entspannen
ermannen
ersannen
gewannen
mannen
rannen
sannen
spannen
übermannen
verbannen
von dannen
→ *-anne*

-anner
Banner
Bogenspanner
Büchsen-
spanner
Spanner

-anni
Bunny
funny
Honey
Time is
money

-annisch
alemannisch
britannisch
normannisch
tyrannisch

-annung
Bemannung
Entspannung
Spannung
Verbannung
Verspannung

-ano
P-/piano
Romano
Siciliano

-ans
Gans
Hans
ich kann's
Stimulans
→ *-ann*/*-annen*

-anschen
flanschen
manschen
panschen
planschen

-anse
Franse
Hanse
Schimpanse

-anst
ausgefranst
bannst
kannst
Wannst
→ *-annen*

-ant = -ahnt
abgesahnt
angebahnt
mir schwant
ungeahnt
verzahnt
→ *-anen*

-ant
abgebrannt
abgesandt
abgespannt
Adjutant
allerhand
ambulant
amüsant
anerkannt
angebrannt
angerannt
angespannt
Arrestant
arrogant
Aspirant
Asylant
ausgebrannt
Band
bekannt
Bestand
blümerant
Brand
brillant
brissant
Bummelant
charmant
Demonstrant
Denunziant
Diamant
Dilettant
Diskant
dominant
eingebrannt
eingesandt
eingespannt
Elefant
elegant
extravagant
Fabrikant
galant
Garant
gebrannt
Gegenstand
gesandt
gespannt
Gewand
gewandt
Gigant
Gratulant
Hand
hirnverbrannt
Ignorant
imposant
Intendant
interessant
Intrigant
Komödiant
Konfirmand
Konsonant
konstant
konzertant
kulant
kurzerhand
Laborant
Land
Lieferant
Mandant
markant
militant
Ministrant
mokant
Musikant
Passant
Pedant
penetrant
pikant
Proviant
provokant
Querulant
Rand
rasant
relevant
riskant
Sand
Sekundant
Sergeant
Sextant
so genannt
Spekulant
Stand
Strand
Stunt
süffisant
Sympathisant
Tand
tolerant
überhand
übermannt
überrannt
überspannt
unerkannt
Unterstand
unverwandt
Verband
verbrannt

Versand
Verstand
verwandt
vorderhand
Wand
Waterkant
Widerstand
wutentbrannt
→ *-anden* / *-anten*

-ante
Gouvernante
Kante
Konstante
Rosinante
Spumante
Tante
Variante
→ *-annen* / *-anten*

-antel
Hantel
ich ummantel
Mantel
Tarantel

-anten
bannten
bekannten
benannten
berannten
brannten
Brillanten
Diamanten
entbrannten
erkannten
ernannten
kannten

Kanten
nannten
Quanten
rannten
sandten
V-/verwandten
verbannten
verbrannten
verkannten
verkanten
wandten
→ *-annen*

-anter
ein abgebrannter
Ganter
Panter
→ *-ant*

-anti
avanti!
Chianti
(in) flagranti

-antik
Atlantik
Romantik
Semantik

-antin
Aspirantin
Debütantin
Dilettantin
Emigrantin
Gratulantin
Intrigantin
Komödiantin
Mandantin
Pedantin
Praktikantin
Querulantin
Repräsentantin
Sympathisantin

-antisch
bacchantisch
dilettantisch
gigantisch
komödiantisch
pedantisch
romantisch
semantisch

-anto
Belcanto
Esperanto

-antschaft
Bekanntschaft
Gesandtschaft
Landschaft
Verwandtschaft

-anz
Akzeptanz
Allianz
Ambulanz
Arroganz
Bilanz
Brillanz
Distanz
Dominanz
Eiertanz
Eleganz
Firlefanz
ganz
Glanz
Hochfinanz
Ignoranz
Instanz
Kranz
Kulanz
Ordonnanz
Penetranz
Prägnanz
Rasanz
Resonanz

Schwanz
Stimulanz
Substanz
Tanz
Toleranz
→ *-anzen*

-anze
Constanze
der ganze
Emanze
Lanze
Pflanze
Pomeranze
Romanze
Schanze
Schranze
Stanze
Wanze
→ *-anzen*

-anzen
alfanzen
Allianzen
bepflanzen
die ganzen
Emanzen
pflanzen
Ranzen
schanzen
stanzen
tanzen
umtanzen
verpflanzen
verschanzen
verwanzen
→ *-anz / -anze*

-anzer
ein ganzer
Landser
Panzer
Pflanzer
Schanzer
Stanzer

-anzt
abgetanzt
angepflanzt
angeranzt
angetanzt
eingepflanzt
eingestanzt
verwanzt
zugeschanzt
→ *-anzen*

-apern
hapern
K-/kapern
tapern

-apf
Napf
stapf
Z-/zapf

-apfen
Krapfen
S-/stapfen
Z-/zapfen

-aph
alaaf!
Autograph
Biograph
brav
Choreograph
Fotograf
Geograf
Graf
konkav
Lithograph
Paragraph
Schaf
Schlaf
schlaf
Seismograph
Seraph
Stenograf
Telegraf
Typograph
→ *-afen*

-aphisch
biographisch
fotografisch
geografisch
stenografisch
telegrafisch
typographisch

-apo
APO
da capo
Gestapo
Kapo

-app
ab
Blow-up
Check-up
Cup
fernab
Kap
klipp-klapp!
knapp
Make-up
papperlapapp!
Pick-up
Pub
schlapp
seitab
Trab
treppab
vorab
weitab

-appa
Grappa
Kappa
Nappa

-appe
Attrappe
Etappe
ich berappe
Kappe
Klappe
Knappe
Mappe
Pappe
Schlappe
Trappe
→ *-appen*

-appel
Appel
Gerappel
Getrappel
Gezappel
Pappel
Rappel

-appeln
Pappeln
rappeln
trappeln
zappeln

-appen
berappen
ertappen
Happen
kappen
klappen
knappen
Lappen
pappen
schnappen
schwappen
tappen
über-
schnappen
über-
schwappen
überlappen
verkappen
verklappen
verknappen
Wappen
zappen

-apper
Geklapper
Geplapper
K-/klapper
knapper
schlapper
Schnapper
Trapper

-appern
klappern
plappern
verplappern
Zähne-
klappern

-appt
Abt
angepappt
berappt
eingeschnappt
ertappt
gelappt
geschwappt
überge-
schnappt
verkappt
→ *-appen*

-aps
Flaps
Japs
Klaps
Kollaps
Paps
Raps
Schnaps
schwapps!
Straps
Taps
→ *-apsen*

-apsen
flapsen
japsen
klapsen
knapsen
schnapsen
schwapsen
tapsen
trapsen
→ *-aps*

-ar
Aar
absehbar
absetzbar
abwaschbar
abwendbar
Accessoir
Adebar
Altar
anfechtbar
angreifbar
annehmbar
Antiquar
anwendbar
Ar
Archivar
atomar
auffindbar
ausfahrbar
austauschbar
ausziehbar
Bar/bar
Barbar
Bazar
berechenbar
Bibliothekar
Boulevard
Clochard
dar
darstellbar
Dromedar
durchführbar
ein paar
einlösbar
elementar
Exemplar
Februar

feststellbar
Formular
Foulard
fürwahr
gar
Gefahr
gewahr
Glossar
Haar
Honorar
ich war
immerdar
Inventar
Januar
Jubilar
Justitiar
Kinderschar
klar
Kommentar
Kommissar
lapidar
Liebespaar
lieferbar
Minibar
Minicar
Missionar
Mobiliar
nachprüfbar
Notar
nuklear
offenbar
Radar
rar
regelbar
Repertoire

Reservoir
rückzahlbar
Samowar
Schar
Seminar
sogar
sonnenklar
Star
steuerbar
Talar
Trottoir
umkehrbar
unsagbar
unschätzbar
unschlagbar
veränderbar
verwandelbar
verwechselbar
Vikar
Vokabular
vorhersagbar
vorzeigbar
wahr
wahrnehmbar
wandelbar
wunderbar
Zar
zumutbar
zwar
→ *-aren*

-ara
Alkantara
Tara
Tiara

-arbe
Arbe
darbe
Farbe
Garbe
Narbe

-arben
bewarben
darben
erwarben
Farben
narben
starben
verdarben
vernarben
verstarben
warben
→ *-arbe*

-arch
Geschnarch
Hierarch
ich schnarch
Monarch
Patriarch
Tetrarch

-archisch
anarchisch
hierarchisch
monarchisch
oligarchisch
patriarchisch

-arde
Barde
Garde
Hellebarde
Kokarde
Kommunarde
Mansarde
Milliarde
Poularde

-are
Bahre
Bajuware
Curare
Fanfare
Frutti di mare
Gott bewahre!
Kapillare
Ware

-aren
befahren
bewahren
die Balearen
erfahren
ersparen
fahren
G-/gebaren

garen
gewahren
haaren
offenbaren
paaren
sparen
umfahren
verfahren
verwahren
wahren
waren
widerfahren
→ *-are*

-arf
Bedarf
bedarf
darf
scharf
→ *-arfen*

-arfe
Arve
Harfe

Larve
scharfe

-arfen
bewarfen
entwarfen
scharfen
verwarfen
warfen

-argen
argen
bargen
kargen
verargen
verbargen

-argo
Embargo
Kargo
Largo

-ari
Campari
Charivari
Kalahari
Kanari
Larifari
Safari
Sari
Stradivari

-arier
Agrarier
Arier
Parlamen-
tarier
Proletarier
Unitarier
Vegetarier

-arig (-ich)
erfahr ich
fahrig
haarig
paarig
war ich
→ *-aren*

-arin
Antiquarin
Barbarin
Bibliothekarin
Jubilarin
Referendarin
Vikarin
Zarin

-arisch
antiquarisch
bajuwarisch
barbarisch
disziplinarisch
dokumen-
tarisch
exemplarisch
fragmen-
tarisch
kulinarisch
literarisch
missionarisch
parlamen-
tarisch
solidarisch
summarisch
tabellarisch
testamen-
tarisch
vegetarisch

-arium
Aquarium
Delphinarium
Exotarium
Kalendarium
Planetarium
Solarium
Szenarium
Terrarium

-ark
A-/arg
autark
bärenstark
karg
Mark
Park
Quark
Sarg
stark
→ *-arken*

-arke
Barke
erstarke

Harke
Marke
starke
→ *-arken*

-arken
erstarken
harken
Marken
parken
starken
→ *-arke*

-arkt
eingeparkt
eingesargt
erstarkt
geharkt
Infarkt
Markt
→ *-arken*

-arm
A-/arm
Alarm
Charme
Darm
Farm
Gendarm
Harm
Schwarm
warm
→ *-armen*

-arme
A-/arme
erbarme
warme
→ *-arm*

-armen
armen
Carmen
Erbarmen
umarmen
verarmen
warmen

-armung
Erbarmung
Umarmung
Verarmung

-arn
Farn
Garn
Harn
Schmarrn

-arnen
entwarnen
tarnen
umgarnen
verwarnen
warnen

-arnung
Enttarnung
Entwarnung
Tarnung
Umgarnung
Verwarnung
Warnung

-aro
Karo
Kilimand-
scharo

-arr
bizarr
Geknarr
Gescharr
Katarrh
Narr
starr
→ *-arren*

-arre
bizarre
erstarre
Geknarre
Gescharre
Gitarre
Karre
Knarre
Pfarre
Scharre
Starre
Zigarre
→ *-arren*

-arren
anstarren
Barren
beharren
bizarren
erstarren
harren
karren
knarren
N-/narren
scharren
Schmarren
schnarren
Sparren
starren
verharren
verscharren
→ *-arre*

-arsch
Arsch
B-/barsch
Demarche
harsch
M-/marsch!

-arschen
verarschen
verharschen
→ *-arsch*

-art
= Lebensart
angespart
apart
Art
Bart
behaart
bejahrt
Eigenart
eingespart
en garde!
Fahrt
Himmelfahrt
Lebensart
offenbart
Redensart
Scotland Yard
smart
Überfahrt
verwahrt
wohlverwahrt
zart
→ *-aren*

-art = hart
à la carte
angestarrt
erstarrt
Gegenwart
Gepard
Leopard
Part
Start
vernarrt
Widerpart

-arta
Charta
Djakarta
Quarta

-arte = Karte
Commedia
dell'arte
karrte
Quarte
Scharte
Schwarte
Sparte
Standarte
Warte

-arten
erstarrten
Erwarten
erwarten
Garten
karrten
Karten
starten
warten
→ *-arren*

-arter
C-/charter
ein aparter
Marter
Starter
→ *-art*

-artern
chartern
M-/martern
→ *-art*

-artet
abgekartet
erwartet
→ *-arten*

-artheit
Apartheit
Vernarrtheit

-artung
Erwartung
Wartung

-arung
Behaarung
Erfahrung
Nahrung
Offenbarung
Paarung
Verwahrung
Wahrung

-arz
Charts
da knarrt's
Harz
ich ward's
Quarz
schwarz

-arze
Harze
Parze
Quarze
schwarze
Warze

-arzig
harzig
knarzig
quarzig
warzig

-as
Aas
First class
Fraß
Gas

Glas
Gras
ich aß
Maas
Maß
Spaß
Topas
Übermaß

-asch
Gouache
Hasch
lasch
Pasch
rasch
→ *-aschen*

-asche
Asche
Flasche
Gamasche
hasche
Lasche
Masche
Tasche
→ *-aschen*

-aschen
die Guachen
erhaschen
gewaschen
haschen
laschen
naschen
raschen
überraschen
verwaschen
waschen
→ *-asche*

-ase
Base
Blase
Ekstase
Emphase
Gase
Gaze
Hase
Nase
Oase
Phase
Phrase
Vase

-asen
aasen
blasen
die Basen
grasen
lasen
R-/rasen
verglasen
Wrasen
→ *-ase*

-aser
Faser
Glaser
Raser
Vergaser

-asern
F-/fasern
M-/masern
→ *-aser*

-asko
Fiasko
Kasko

-asmus
Orgasmus
Orgiasmus
Pleonasmus
Sarkasmus

-aspel
Gehaspel
Geraspel
Paspel
Raspel
→ *-aspeln*

-aspeln
haspeln
paspeln
raspeln
verhaspeln
→ *-aspel*

-ass
Aderlass
Ananas
As
Bass
blass
Erlass
Fass
Gelass
Hass
irgendwas
krass
N-/nass
Pass
Strass
Verlass
was
→ *-assen*

-asse
Barkasse
blasse
Brasse
entlasse
Gasse
Grimasse
Kasse
Klasse
krasse
Masse
Melasse
passe
Pinasse
Rasse
Tasse
Terrasse
Trasse
verblasse
verfasse
zupasse
→ *-ass*/*-assen*

-assel
Geprassel
Gequassel
Gerassel
Massel
Rassel
Schlamassel
→ *-asseln*

-asseln
prasseln
quasseln
rasseln
vermasseln

-aßen
besaßen
fraßen
gleichermaßen
maßen
mit Maßen
saßen
spaßen
vergaßen

-assen
angelassen
ausgelassen
befassen
eingelassen
erblassen
erfassen
fassen
gelassen
hassen
hinterlassen
lassen
niederlassen
passen
prassen
schassen
umfassen
unterlassen
verblassen
verfassen
verlassen
verpassen
verprassen
zusammen-
fassen
→ *-ass/-asse*

-assend
erblassend
passend
umfassend
→ *-assen*

-asser
blasser
Frauenhasser
Hasser
Prasser
Verfasser
Wasser
→ *-ass*

-asso
Chiasso
Inkasso
Lasso

-assung
Entlassung
Erfassung
Fassung
Niederlassung
Umfassung
Unterlassung
Vermassung

-ast
aast
angerast
geaast
verglast
verquast
→ *-asen*

-ast
abgepasst
angefasst
angepasst
Ast
aufgepasst
Ballast
Bombast
Cineast
Damast
Enthusiast
Fantast
fast
Gast
gefasst
Gymnasiast
Hast
hast
Knast
Kontrast
Last
Mast
Morast
Palast
Quast
Rast
Trust
verhasst
verprasst
vorgefasst
→ *-asten*

-astbar
belastbar
tastbar
unantastbar

-aste
faste
Kaste
Paste
Quaste
Taste
→ *-asten*

-asten
belasten
betasten
entlasten
erblassten
fasten
hasten
Kasten
lasten
rasten
tasten
überlasten
verblassten

-aster
Alabaster
Aster
Desaster
Kataster
Kritikaster
Laster
Pflaster
Raster
Taster
Zaster

-astet
abgetastet
angehastet
angetastet
ausgelastet
ausgerastet
belastet
gefastet
getastet
lastet
überlastet

-astik
Drastik
Elastik
Gymnastik
Plastik

-astisch
bombastisch
drastisch
elastisch
enthusiastisch
fantastisch
plastisch
sarkastisch

-at
Achat
adäquat
Advokat
Aggregat
akkurat
Akrobat
Antiquariat
Apparat
Aristokrat
Attentat
Automat
Bad
Brokat
Bürokrat
delikat
Demokrat
Dezernat
Diktat
Diplomat
Draht
Duplikat
Fabrikat
fad
Filzokrat
Format
Granat
Granulat
Grat
Hanseat
Hochverrat
Homöopath
Imitat
Inserat
Internat
Kamerad
Kandidat
Karat
Kommissariat
Kondensat
Konsulat
Konzentrat
Mandat
Missetat
moderat
Moritat
Muskat
Naht
Nitrat
Notariat
obligat
Opiat
Orangeat
Ornat
parat
Passat
Pensionat
Pirat
Plagiat
Plakat
Prädikat
Prälat
Primat
privat
probat
Proletariat
Psychopath
Quadrat
rabiat
Rad
Rat
Referat
Resultat
Saat
Salat
schad
Sekretariat

Senat
Skat
Soldat
Spagat

Staat
Syndikat
Tat
Telefonat
Testat
Thermostat
Unikat
Verrat
Zertifikat
Zitat
Zitronat
Zölibat
→ *-aten*

-ate
Granate
Jubilate
Kantate
Karate
Kate
Pate
Rate
Sonate
Tomate
→ *-aten*

-aten
B-/braten
baten
bejahten
beraten
betraten
Daten
durchwaten
einheiraten
entraten
erbaten
erraten
geraten
missraten
nahten
raten
T-/taten
traten
ungeraten
verbaten
verraten
vertraten
waten

-ater
Berater
Kater
Krater
Pater
Prater
Psychiater
Theater
Vater

-atik
Akrobatik
Automatik
Batik
Diplomatik
Dramatik
Informatik
Problematik
Statik
Systematik

-atin
Akrobatin
Diplomatin
Platin
Soldatin

-atisch
akrobatisch
apathisch
aristokratisch
aromatisch
asiatisch
asthmatisch
autokratisch
automatisch
bürokratisch
demokratisch
diplomatisch
dogmatisch
dramatisch
fanatisch
klimatisch
phlegmatisch
problematisch
quadratisch
rheumatisch
schematisch
statisch
sympathisch
systematisch
telepathisch

-ato
bis dato
futschikato
Nato
pizzicato
staccato
Vibrato

-ator
Alligator
Äquator
Diktator
Generator
Gladiator
Imitator
Initiator

Kommentator
Koordinator
Moderator
Navigator
Organisator
Reformator
Restaurator
Senator
Transfor-
mator
Ventilator
Vibrator

-atsch = Klatsch
Geklatsch
Kladdera-datsch
klatsch
Matsch
patsch!
Quatsch
ratsch!
Touch
→ *atschen*

-atsche = Bratsche
Geknatsche
Getratsche
vivace
Watsche
→ *-atschen*

-atsche = Apache
betatsche
Geklatsche
Gepatsche
Gequatsche
Klatsche
Patsche
→ *-atschen*

-atschen = Latschen
knatschen
ratschen
tratschen
→ *atsche*

-atschen = patschen
betatschen
klatschen
matschen
quatschen
→ *-atsche*

-att
anstatt
Blatt
Cut
glatt
hat
Kat
matt
nimmersatt
Patt
platt
Rabatt
satt
Stadt
statt
Watt

-atte
Debatte
Fregatte
Gatte
Krawatte
Latte
Matte
Platte
Ratte
Tratte
Watte
→ *-att/-atten*

-atten
begatten
beschatten
bestatten
cutten
ermatten
erstatten
gestatten
hatten
Schatten
→ *-att/-atte*

-atter
Bericht-erstatter
Bestatter
Cutter
Gatter
Geknatter
Geratter
Geschnatter
Natter

-attern
ergattern
flattern
knattern
rattern
schnattern
vergattern

-attert
angeflattert
angerattert
ergattert
geflattert
rattert
verdattert

-attung
Begattung
Berichter-stattung
Beschattung
Bestattung
Ermattung
Erstattung
Gattung

-atz
Besatz
Bodensatz
er hat's
Ersatz
Fratz
Hatz
Hosenmatz
Kaffeesatz

Latz
Platz
Rabatz
Satz
Schatz
Schmatz
Schwatz
Spatz
Untersatz
Versatz
→ *-atzen*

-atze
abschwatzen
Fratze
Geschmatze
Geschwatze
Glatze
Katze
Matratze
Matze
Pratze
Tatze
→ *-atzen*

-atzen
Batzen
beschwatzen
jazzen
kratzen
patzen
platzen
schmatzen
schwatzen
verkratzen
verpatzen
zerkratzen
zerplatzen

-atzer
Besatzer
Jazzer
Kratzer
Patzer
Wolkenkratzer

-atzt
angekratzt
aufgekratzt
verratzt

-au
Bau
Beschau
blau
Chow-Chow
ciao!
EDV
Ehefrau
flau
Fleisch-
beschau
Frau

Gau/GAU
genau
grau
helau!
himmelblau
Kabeljau
Kakao
Know-how
Körperbau
Kotau
lau
mau
miau!
Modenschau
oberschlau
Pfau
Radau
rau
Sau
Schau
schlau
Stau
Tau
TV
Unterbau
Verhau
wau!

-aub
Laub
mit Verlaub
Raub
Staub
taub
→ *-auben*

-aubar
durchschau-
bar
schaubar
überschaubar
unverbaubar

-aube
Aberglaube
Daube
Friedenstaube
Gartenlaube
Gaube
Glaube
Haube
ich erlaube
Laube
Schraube
Steuerschrau-
be
Taube
Traube
→ *-auben*

-auben
berauben
entstauben
erlauben
glauben
klauben
rauben
schnauben
schrauben
stauben
verschrauben

verstauben
→ *-aube*

-auber
sauber
T-/tauber
Zauber

-auch
auch
Bauch
B-/brauch
Gebrauch
Hauch
Lauch
Rauch
Schlauch
Strauch
Verbrauch
→ *-auchen*

-auchen
brauchen
fauchen
gebrauchen
hauchen
krauchen
missbrauchen
rauchen
schlauchen
schmauchen
stauchen
tauchen
untertauchen
verbrauchen
verrauchen
verstauchen

-aucher
Raucher
Taucher
Verbraucher

-aucht
angefaucht
angehaucht
braucht
Durchlaucht
erlaucht
gebraucht
verbraucht

-auder
Geplauder
Schauder
→ *-audern*

-audern
plaudern
schaudern
zaudern

-audi
Audi
Gaudi
Rowdy
Saudi

-aue
Aue
Augenbraue
baue
blaue
Braue
Gehaue
Gekaue
haue
K-/klaue
kaue
→ *-au/-auen*

-auen
abgehauen
bauen
behauen
beschauen
betrauen
erbauen
ergrauen
getrauen
grauen
Grauen
hauen
kauen
klauen
miauen
Morgen-
grauen
schauen
stauen
tauen
trauen
V-/vertrauen
verbauen
verdauen

verhauen
versauen
verstauen
→ *-au/-aue*

-auer
Bauer
Beschauer
Brauer
Dauer
Fleisch-
beschauer
Lauer
Mauer
Ökobauer
Power
sauer
Schauer
Tower
Trauer
Vogelbauer
→ *-auern*

-auern
bedauern
belauern
betrauern

dauern
erschauern
kauern
lauern
mauern
schauern
trauern
vermauern
versauern

-auert
aufgelauert
bedauert
eingemauert
gedauert
versauert
viel betrauert
zugemauert
→ *-auern*

-auf
bergauf
darauf
drauf
Flintenlauf
frischauf!
Geschnauf
gleichauf
glückauf!
hellauf
herauf
hierauf
hinauf
Kauf
Knauf
Lauf
Lebenslauf
obenauf
Verkauf
Verlauf
vollauf
wodrauf
wohlauf
zuhauf
→ *-aufe / -aufen*

-aufe
Gelaufe
Geraufe
Gesaufe
Geschnaufe
kaufe
Raufe
Schlaufe
Taufe
Traufe
→ *-aufen*

-aufen
ausverkaufen
ersaufen
Haufen
kaufen
laufen
raufen
saufen
schnaufen
taufen
überlaufen
unterlaufen
verlaufen
verschnaufen
zusammen-
raufen
→ *-aufe*

-auge
Argusauge
Auge
Lauge
sauge
tauge

-augen
Augen
laugen
saugen
taugen

-augt
abgelaugt
abgesaugt
ausgelaugt
ausgesaugt
eingepaukt
gepaukt
gesaugt

-auke
Mauke
P-/pauke
Rabauke

-aukel
gaukel
Gegaukel
S-/schaukel

-aukeln
gaukeln
schaukeln
verschaukeln

-aul
faul
Foul
Gaul
Kraul
Leckermaul
Lügen-
plappermaul
Maul
oberfaul
Plappermaul
→ *-aulen*

-aulen
faulen
foulen
graulen
jaulen
kraulen
maulen

verfaulen
verjaulen

-aulich
baulich
beschaulich
erbaulich
fraulich
graulich
leicht verdaulich
traulich
vertraulich

-ault
angefault
fault
gekrault
verfault
→ *-aulen*

-aum
baum
Flaum
geraum
kaum
Lebensraum
Liebestraum
Purzelbaum
Raum
Saum
Schaum
Tannenbaum
Traum
Zaum

-aumeln
baumeln
taumeln

-aumen
anberaumen
Daumen
Gaumen
geraumen

-aun
abgehaun
braun
Clown
Countdown
down
Faun
Kapaun
Showdown
sich traun
Zaun

-aune
Daune
Geraune
Laune
P-/posaune
→ *-aunen*

-aunen
ausposaunen
bestaunen
erstaunen
posaunen
raunen

saunen
staunen
→ *-aune*

-auner
abgehauner
behauner
Brauner
Gauner

-aunt
ausposaunt
erstaunt
gelaunt
gut gelaunt
Sound
Underground
→ *-aunen*

-aupt
abgeschraubt
ausgeraubt
beraubt
erlaubt
geglaubt
Haupt
Oberhaupt
raubt
überhaupt
verschraubt
verstaubt
zugeschraubt
→ *-auben*

-aurig (-ich)
bedaur' ich
schaurig
traurig
→ *-auern*

-aus
Applaus
aus
daraus
draus
durchaus
ei der Daus!
Gebraus
geradeaus
Graus
Haus
heraus
hinaus
in Saus und Braus
jahrein-jahraus
kraus
Laus
Mickymaus

Nikolaus
raus
Reißaus
Schmaus
Strauß
tagein-
tagaus
überaus
voraus
→ *-au*

-ausch
Bausch
Flausch
Rausch
Tausch
→ *-auschen*

-auschen
aufbauschen
bauschen
belauschen
berauschen
lauschen
plauschen
rauschen
tauschen
vertauschen

-auschig (-ich)
bauschig
flauschig
lauschig
→ *-auschen*

-auscht
aufgebauscht
berauscht
gebauscht
getauscht
umgetauscht
verrauscht
→ *-auschen*

-ause
Banause
Brause
Flause
Geschmause
Gezause
Klause
Pause
Sause
zu Hause
→ *-aus / -ausen*

-ausen
behausen
B/brausen
Grausen
hausen
jausen
krausen
lausen
mausen
Ohrensausen
P-/pausen
Sausen
schmausen
verschmausen
zausen
zerzausen
→ *-ause*

-ausend
brausend
potztausend!
tausend!

-auser
Geknauser
Knauser
Lauser
Sauser

-ausern
knausern
sich mausern
→ *-auser*

-aust
angesaust
aufgebraust
behaust
du baust
Faust
verlaust
zerzaust
→ *-auen / -ausen*

-aut
abgeflaut
abgeschaut
angebaut
angeschaut
angetraut
anvertraut
Astronaut
aufgeraut
ausgebaut
bebaut
betraut
Braut
ergraut
Haut
Knockout
Kosmonaut
Kraut
L-/laut
Maut
out
Scout
traut
überbaut
versaut
vertraut
zerkaut
zugeschaut
→ *-auen*

-aute
Flaute
Laute
Raute
Traute

-auter
abgeflauter
Klabauter

Krauter
lauter
Layouter

-auung
Bebauung
Betrauung
Erbauung
Stauung
Trauung
Überbauung
Verdauung

-auz
bauz!
Kauz
plauz!
→ *-auen*

-ave
Ave!
Enklave
Exklave
Konklave
Oktave
Sklave

-aver
braver
Kadaver
P-/palaver

-ax
Dachs
Fax
Flachs
Klacks
Knacks
Lachs
lax
stracks
Wachs

-axe
Achse
Faxe
flachse
Haxe
Klettermaxe
Kraxe
Lachse
Prophylaxe
Sachse
Taxe
→ *-achsen*

-axis
Galaxis
Praxis

-azi
Bazi
Lumpazi

-azie
Akazie
Grazie
Pistazie

-azzo
Bajazzo
Palazzo
Paparazzo
Terrazzo

-e

-e
ABC
a. D./ade!
Allee/allez!
Aloe
ARD
Armee
Atelier
Attaché
Bankier
Bidet
Bouclé
Café
CD
Chaussee
Chicorée
Collier
Couplet
Croupier
D-/dreh
Defilée
Dekolleté
Diner
Doublé
Dragee
EKG
Entree
Essay
Exposé
Fairplay
Fee
Filet
Foyer
Frikassee
Frottee
Gelee
Hautevolée
Herrje!
Hotelier
IC/ICE
Idee
in spe
juchhe!
Kaffee
Kanapee
Karree
Klee
Klischee
Komitee
Lee
Livree
Matinee

Metier
Moschee
Negligé
Odyssee
olé
Pikee
PKW
Pladoyer
Portmonnee
Portier
Püree
Reh
Renommee
Rentier
Resümee
Schnee
See
Séparé
Sorbet
Soufflé
Souper
Tee
Tournee
Übersee
Varieté
Zeh
→ *-ä*

-ebbe
Ebbe
Flebbe
Rebbe

-ebe
bebe
Gewebe
H-/hebe
Rebe
S-/schwebe
Strebe
webe
→ *-eben*
→ *-äbe*

-ebel
Faible
Hebel
Knebel
Label
Nebel
Säbel
→ *-ebeln*
→ *-äbel*

-ebeln
benebeln
hebeln
knebeln
rebeln
vernebeln
→ *-ebe*

-eben
abgegeben
aufgegeben
ausgegeben
Beben
beben
beheben
bekleben
beleben
Bestreben
bestreben
daneben
eben
eingegeben
entschweben
erbeben
Erdbeben
ergeben
erheben
erleben
erstreben
geben
gegeben
heben
hingegeben
kleben
L-/leben
neben
schweben
soeben
Streben
streben
umgeben
untergeben
vergeben
verheben

verstreben
verweben
weben
wiedergeben
zugegeben
→ *-ebe*

-ebend
bebend
belebend
erhebend
gerne gebend
lebend
strebend
widerstrebend
→ *-eben*

-eber
Alleskleber
Arbeitgeber
Eber
Geber
Heber
Kleber
Leber
Streber
Treber
Wagenheber
Weber

-ebig (-ich)
kurzlebig
langlebig
zielstrebig
→ *-äbig*

-eblich
angeblich
erheblich
überheblich
unerheblich
vergeblich
vergeblich

-ebnis
Ergebnis
Erlebnis
→ *-äbnis*

-ebung
Behebung
Belebung
Bestrebung
Erhebung
Hebung
Umgebung
Vergebung
Verklebung
Verstrebung

-ech
Blech
frech
Lech
Pech

-echelt
angehechelt
durchgehechelt
gehechelt
→ *-ächelt*

-echen
besprechen
bestechen
blechen
brechen
entsprechen
erbrechen
erfrechen
frechen
Gebrechen
R-/rechen
radebrechen
sprechen
Stechen
unterbrechen
V-/verbrechen
V-/versprechen
zechen
zerbrechen
→ *-ächen*

-echer
Becher
Brecher
Kupferstecher
Sprecher
Stecher
Verbrecher
Versprecher
Wellenbrecher
Zecher
→ *-ächer*

-echlich
bestechlich
gebrechlich
unaussprechlich
unbestechlich
zerbrechlich
→ *-ächlich*

-echse
Echse
Flechse
Gekleckse
Hexe
sechse
→ *-ex / -exen*

-echseln
drechseln
einwechseln
verwechseln
wechseln
→ *-ächseln*

-echt
blecht
geblecht
Gefecht
Geflecht
gerecht
Geschlecht
Hecht
Knecht
Recht
recht
regelrecht
schlecht
Specht
termingerecht
ungerecht
Völkerrecht
waagerecht
zurecht
→ *-echen*
→ *-ächt*

-echten
die bezechten
entrechten
fechten
flechten
hechten
knechten
rechten
verfechten
verflechten
→ *-echt*
→ *-ächten*

-echtlich
geschlechtlich
rechtlich
widerrechtlich
→ *-ächtlich*

-echtung
Entrechtung
Knechtung
Verfechtung
Verflechtung
→ *-ächtung*

-echung
Besprechung
Bestechung
Entsprechung
Unterbre-
chung
Versprechung

-eck
Besteck
Deck
Dreck
Eck
Fleck
Geck
Gedeck
Gesteck
Heck
hinweg
keck
Lebenszweck
Leck
leck
Oberdeck
Reck
Scheck
Schreck
Speck

Treck
Verdeck
Versteck
weg
Zweck
→ *-äck*

-ecke
beflecke
Decke
Ecke
Geschlecke
Hecke
Recke
schlecke
Schnecke
Strecke
Zecke
→ *-ecken*
→ *-äcke*

-eckel
Deckel
Teckel

-ecken
Becken
bedecken
beflecken
belecken
bezwecken
blecken
checken
entdecken
erschrecken
erstrecken
erwecken
Flecken
lecken
necken
recken
S-/stecken
schlecken
schmecken
schrecken
strecken
verdecken
verdrecken
verrecken
verstecken
vollstrecken
wecken
→ *-ecke*

-ecker
Doppeldecker
Entdecker
Geklecker
Gemecker
lecker
Speichellecker
Stecker
Trecker
Vollstrecker
Wecker

-eckern
kleckern
meckern
schleckern
→ *-ecker*

-eckig (-ich)
dreckig
eckig
fleckig
scheckig
speckig

-eckt
abgeschmeckt
abgeschreckt
abgespeckt
abgesteckt
Affekt
angeeckt
angesteckt
Architekt
Aspekt
aufgeleckt
aufgesteckt
aufgeweckt
ausgeheckt
ausgestreckt
bedeckt
befleckt
D-/defekt
Dialekt

direkt
Effekt
erschreckt
gebleckt
gedeckt
gestreckt
indirekt
Insekt
Intellekt
Konfekt
korrekt
Objekt
perfekt
Projekt
Prospekt
Respekt
Sekt
Subjekt
suspekt
unbedeckt
unbefleckt
verdeckt
verdreckt
versteckt
vollstreckt
→ *-ecken*

-eckung
Auferweckung
Bedeckung
Deckung
Entdeckung
Kopf-
bedeckung
Vollstreckung

-ede
Fehde
Gerede
jede
Rede
Reede
Schwede
Widerrede
→ *-eden*

-edel
edel
veredel
W-/wedel

-eden
befehden
bereden
Garten Eden
reden
Schweden
überreden
zerreden
→ *-äden*

-eder
entweder
Feder
jedweder
Katheder
Leder
Reeder
weder
Zeder
→ *-äder*

-edig (-ich)
ledig
Venedig

-edigt
entledigt
erledigt
gepredigt
predigt
Predigt

-edlich
redlich
→ *-ätlich*

-efe
Eleve
Hefe
→ *-äfe*

-eff
Betreff
Chef
Effeff
Relief
Treff
→ *-äff*

-effen
betreffen
die Neffen
Hintertreffen
reffen
T-/treffen
→ *-äffen*

-eft
gerefft
Heft
→ *-äfft*

-eftet
angeheftet
eingeheftet
geheftet

-egbar
belegbar
bewegbar
erregbar
unwiderlegbar
widerlegbar
zerlegbar
→ *-ägbar*

-ege
bewege
Gehege
Gelege
Kollege
Pflege
rege
Stratege
zuwege
→ *-egen*
→ *-äge*

-egel
Egel
Flegel
Kegel

kregel
Pegel
Regel
Schlegel
Segel
→ *-egeln*
→ *-ägel*

-egeln
flegeln
kegeln
regeln
segeln
→ *-egel*

-egelt
eingepegelt
gekegelt
hingeflegelt
→ *-egeln*

-egen
belegen
bewegen
dagegen
Degen
deswegen
entgegen
entlegen
erlegen
erregen
fegen
gegen
gelegen
hegen
hingegen
hinterlegen
legen
meinetwegen
pflegen
R-/regen
Segen
seinetwegen
überlegen
ungelegen
unterlegen
verlegen
verpflegen
verwegen
wegen
widerlegen
zerlegen
zugegen
→ *-ege*
→ *-ägen*

-egend
bewegend
erregend
Gegend
→ *-ägend*

-eger
ein reger
Erreger
Feger
Heger
Minenleger
Neger
Pfleger

Straßenfeger
Verleger
→ *-äger*

-eglich
beweglich
jeglich
pfleglich
unwiderleglich
→ *-äglich*

-egnen
begegnen
entgegnen
regnen
segnen
→ *-egen*

-egner
ein entlegner
Gegner
→ *-egen*

-egnung
Begegnung
Entgegnung
Segnung

-egt
angelegt
angeregt
aufgelegt
aufgeregt
ausgelegt
eingelegt
erregt
festgelegt
gelegt
gepflegt
geregt
schmerz-
bewegt
überlegt
unentwegt
→ *-egen*
→ *-ägt*

-egung
Belegung
Bewegung
Erregung
Regung
Überlegung
Verlegung
Verpflegung
Widerlegung
→ *-ägung*

-ehbar
absehbar
begehbar
drehbar
übersehbar

unabsehbar
unbegehbar
unübersehbar

-ehe
Azalee
drehe
E-/ehe
Orchidee
wehe
Wehe!
Zehe
→ *-ehen*
→ *-ähe*

-ehen
abgesehen
angesehen
begehen
bestehen
drehen
entstehen
erflehen
ergehen
ersehen
erstehen
flehen
Geisterwehen
G-/geschehen
gehen
gesehen
gestehen
hintergehen
Kakteen
Museen
Schlange
stehen
sehen
stehen
übergehen
übersehen
überstehen
unbesehen
V-/vergehen
V-/versehen
verstehen
verwehen
wehen
widerstehen
Wiedersehen
Wohlergehen
→ *-e/-ehe*
→ *-ähen*

-eher
Amtsvorsteher
Dreher
eher
Frühaufsteher
Geher
Geisterseher
Rechtsver-
dreher
Steher
→ *-äher*

-ehlen
Allerseelen
befehlen
bestehlen
empfehlen
krakeelen
stehlen
verfehlen
verhehlen
→ *-eh/-ele*
→ *-ählen*

-ehler
Fehler
fideler
Hehler
Krakeeler
→ *-el*
→ *-ähler*

-ehlig (-ich)
befehl ich
glückselig
selig
unausstehlich
unwidersteh-
lich
→ *-ehlen*
→ *-ählig*

-ehlt
beseelt
verfehlt
weit gefehlt
→ *-ehlen*
→ *-ählt*

-ehlung
Empfehlung
Verfehlung
→ *-ählung*

-ehmlich
einvernehm-
lich
vernehmlich
→ *-ämlich*

-ehnen
autogenen
belehnen
dehnen
denen
jenen
sehnen
→ *-en/-ene*
→ *-ähnen*

-ehnt
ausgedehnt
ersehnt
gedehnt
Jahrzehnt
→ *-ehnen*

-ehrbar
belehrbar
ehrbar
unbelehrbar

-ehren
ausleeren
beehren
begehren
bekehren
belehren
bescheren
beschweren
durchqueren
ehren
entbehren
entehren
entleeren
erschweren
kehren
leeren
lehren
mehren
scheren
schweren
teeren
überqueren
verehren
verkehren
vermehren
verwehren
verzehren
wehren
zehren
→ *-er/-ere*
→ *-ären*

-ehrend
begehrend
belehrend
entehrend
erschwerend
verheerend
verzehrend
→ *-ehren*
→ *-ährend*

-ehrer
Brief-
beschwerer
hehrer
Lehrer
Rauchver-
zehrer
Spätheim-
kehrer
Straßenkehrer
Verehrer
Verzehrer
→ *-er*
→ *-ärer*

-ehrlich
begehrlich
beschwerlich
entbehrlich
schwerlich
→ *-ärlich*

-ehrt
abgekehrt
ausgeschert
ausgezehrt
begehrt
bekehrt
bewehrt
eingekehrt
entehrt
erschwert
geehrt
gelehrt
geteert
Herd
hochverehrt
kehrt!
liebenswert
Pferd
Schwert
umgekehrt
unbeschwert
unversehrt
verehrt
verkehrt
vermehrt
versehrt
Wert
wert
→ *-ehren*
→ *-ärt*

-ehrtheit
Gelehrtheit
Unbeschwert-
heit
Unversehrt-
heit
→ *-ärtheit*

-ehrung
Bekehrung
Bescherung
Ehrung
Entbehrung
Leerung
Nehrung
Vermehrung
→ *-ärung*

-ehung
Auferstehung
Begehung
Drehung
Entstehung
Hintergehung
Verdrehung
Verwehung

-ei
Abtei
allerlei
anbei
Angeberei
Arznei
au wei!
Aufschnei-
derei
Auskunftei
Bäckerei
Barbarei

Bastei
bei
beiderlei
Betrügerei
Bettelei
Blei
Blödelei
Brauerei
Brei
Bücherei
Butterfly
bye, bye!
dabei
dawai!
Detektei
Drängelei
drei
Druckerei
Ei
einerlei
Einsiedelei
einwandfrei
entzwei
Eselei
extra dry
FBI
Ferkelei
Frotzelei
Fummelei
Gaunerei
Geschrei
Geweih
Gleich-
macherei
Grübelei
Hai
Hänselei
Hehlerei
Heuchelei
Hexerei
hi!
hierbei
high
Hudelei
Hurerei
Imkerei
Kanzlei
Kartei
Keilerei
keinerlei
Knutscherei
Konditorei
Konterfei
Kuckucksei
Kumpanei
Kuppelei
Lauferei
Liebelei
Litanei
Lobhudelei
Lorelei
Lumperei
Mai
mancherlei
Meckerei
Nackedei
Narretei
nebenbei
Nörgelei
Partei
Pfarrei
Pfuscherei
Pöbelei
Polizei
Prahlerei
Prügelei
Rangelei
Raserei
Rauferei
Reiterei
Sauerei
Sauferei
Schererei
Schieberei
Schinderei
Schmeichelei
Schmuserei
Schnüffelei
Schrei
Schreiberei
Schwärmerei
Schweinerei
Setzerei
Singerei
solcherlei
sorgenfrei
Spielerei
Spinnerei
Staffelei
Stänkerei
Stichelei
Streiterei
Träumerei
Tyrannei
Verleih
Viecherei
vielerlei
vogelfrei
vorbei
Warterei
Wilderei
wobei
Wüstenei
Zankerei
Zauberei
zwei
zweierlei
→ *-eien*

-eib
Laib/Leib
Verbleib
Weib
Zeitvertreib
→ *-eiben*

-eiben
beschreiben
betreiben
bleiben
einverleiben
Faschings-
treiben
hintertreiben

Kesseltreiben
reiben
schreiben
treiben
übertreiben
übrigbleiben
umschreiben
unter-
schreiben
unterbleiben
verbleiben
verschreiben
verreiben
vertreiben

-eiber
Leiber
Schreiber
Sitzenbleiber
Treiber
Weiber

-eiblich
leiblich
unausbleiblich
unbeschreib-
lich
weiblich

-eibt
beleibt
beweibt
einverleibt
er bleibt
→ *-eiben*

-eibung
Beschreibung
Hintertrei-
bung
Reibung
Übertreibung
Umschrei-
bung
Verschreibung

-eich
Bereich
bleich
Bubenstreich
Deich
folgenreich
gleich
Himmelreich
kinderreich
Laich
obgleich
Reich
Scheich
segensreich
Streich
Teich
totenbleich
Vergleich
weich
Zapfenstreich
zugleich
→ *-eichen*

-eichel
Eichel
Geschmeichel
Gestreichel
schmeichel
Speichel
streichel

-eichen
begleichen
bestreichen
bleichen
dergleichen
die Reichen
entweichen
erbleichen
erreichen
erschleichen
erweichen
Fragezeichen
gereichen
gleichen
laichen
Lebenszeichen
Lesezeichen
ohnegleichen
schleichen
streichen
unterstreichen
vergleichen
verstreichen
weichen
Zeichen

-eichert
abgespeichert
bereichert
gespeichert

-eichlich
reichlich
unausweich-
lich
unvergleich-
lich
weichlich

-eichnis
Gleichnis
Verzeichnis

-eicht
ausgebleicht
eingeweicht
erreicht
gebleicht
geeicht
kinderleicht
leicht
seicht
unerreicht
→ *-eichen*

-eichte
ausgebleichte
B-/beichte
→ *-eicht*

-eidbar
schneidbar
unterscheid-
bar
unvermeidbar
vermeidbar

-eide
beide
Eingeweide
Geschmeide
Getreide
Heide
ich beeide
Kreide
Scheide
Schneide
Seide
Weide
Wetterscheide
zuleide
→ *-eiden*

-eiden
beeiden
bekleiden
beneiden
bescheiden
entscheiden
erleiden
kleiden
L-/leiden
meiden
neiden
scheiden
schneiden
seiden
unterscheiden
verkleiden
verleiden
vermeiden
verschneiden
weiden
zerschneiden
→ *-eide*

-eider
beider
Halsabschnei-
der
Hungerleider
Kleider
leider
Neider
Schneider

-eidet
angekreidet
ausgeweidet
beeidet
bekleidet
gut gekleidet
vermeidet
viel beneidet
→ *-eiden*

-eidigt
beleidigt
vereidigt
verteidigt

-eidlich
eidlich
leidlich
seitlich
unvermeidlich
vermeidlich
weidlich
zeitlich

-eidung
Beeidung
Bekleidung
Beschneidung
Entkleidung
Entscheidung
Scheidung
Über-
schneidung
Unter-
scheidung
Verkleidung
Vermeidung

-eie
befreie
freie
Geschreie
Kleie
Laie
leihe
Reihe
S-/schreie
Schleie
Weihe
→ *-ei/-eien*

-eien
befreien
beleihen
beschreien
dreien
entweihen
entzweien
freien
gedeihen
Innereien
kasteien
Laien
Ländereien
leihen
prophezeien
R-/reihen
schneien
schreien
seien/seihen
speien
verbleien
verzeihen
weihen
zweien
→ *-ei/-eie*

-eiend
befreiend
Feuerspeiend

himmel-
schreiend
schreiend
verzeihend
→ *-eien*

-eier
Befreier
Biedermeier
Doppelreiher
Dreier
Eier
Feier
F-/freier
Filmverleiher
Geier
Geleier
Leier
Reiher
Schleier
Tokaier
Verleiher
Wasserspeier
Weiher
Zweier
→ *-eiern*

-eiern
bleiern
entschleiern
feiern
leiern
verschleiern
→ *-eier*

-eif
Gekeif
Greif
Highlife
R-/reif
Schweif
steif
way of life
→ *-eifen*

-eifbar
begreifbar
greifbar
unangreifbar
unbegreifbar

-eife
Gekeife
Gepfeife
Pfeife
R-/reife
Schleife
Seife
Streife
→ *-eifen*

-eifen
begreifen
bereifen
ergreifen
greifen
keifen
kneifen
pfeifen
R-/reifen
schleifen
schweifen
Streifen
überstreifen
Umsichgreifen
verkneifen
verpfeifen
versteifen
→ *-eife*

-eifer
Eifer
Geifer
Greifer
Kneifer
Pfeifer
Regenpfeifer
Scheren-
schleifer
schleifer
steifer

-eiflich
reiflich
unbegreiflich

-eift
abgestreift
ausgereift
eingeseift
gereift
geschweift
→ *-eifen*

-eifung
Bereifung
Schleifung
Versteifung

-eig
Bürgersteig
feig
Fingerzeig
gentlemanlike
Gezweig
Kuchenteig
Mountainbike
Sauerteig
Spike
Steig
Streik
Zweig
→ *-eigen*

-eige
f-/Feige
Geige
Neige
Steige
zeige
Zweige
→ *-eigen*

-eigen
besteigen

bezeigen
eigen
ersteigen
Feigen
geigen
neigen
Reigen
schweigen
steigen
vergeigen
verneigen
verschweigen
zeigen
→ *-eige*

-eiger
Besteiger
Eiger
Erstbesteiger
feiger
Geiger
Lokalanzeiger
Schweiger
Zeiger

-eigt
abgezweigt
angezeigt
aufgezeigt
zugeneigt
→ *-eigen*

-eigung
Besteigung
Bezeigung
Ehrbezeigung
Erstbestei-
gung
Gunstbe-
zeigung
Neigung
Steigung
Verneigung
Verzweigung

-eik
→ *-eig*

-eika
Balalaika
Jamaika
Leica

-eil
Abteil
affengeil
alleweil
Beil
derweil
Email
feil
Gegenteil
geil
heil
Hinterteil
Keil
obergeil
Pfeil
Seelenheil
Seil
steil
Vorurteil
Vorderteil
weil
zuteil
→ *-eilen*

-eiland
Eiland
Freiland
Heiland
Thailand
weiland

-eilbar
heilbar
teilbar
unheilbar
unteilbar

-eile
Eile
Feile
Keile
Langeweile
Meile
mittlerweile
weile
Windeseile
Zeile
→ *-eil/-eilen*

-eilen
beeilen
eilen
ereilen
erteilen
feilen
heilen
keilen
peilen
stylen
teilen
verheilen
verkeilen
verteilen
verweilen
weilen
→ *-eil/-eile*

-eiler
Heiler
Keiler
Meiler
Pfeiler
Verteiler
Weiler
Wunderheiler
→ *-eil*

-eilig (-ich)
einstweilig
freilich

gedeihlich
gegenteilig
heilig
parteilich
polizeilich
unparteilich
unverzeihlich
verzeihlich
→ *-eilen*

-eiligt
beteiligt
geheiligt
heiligt
unbeteiligt

-eils
andernteils
einesteils
größtenteils
teils

-eilt
abgeseilt
angepeilt
angeseilt
ausgefeilt
eilt
eingekeilt
eingeteilt
ereilt
übereilt
verteilt
zugeteilt
→ *-eilen*

-eilung
Abteilung
Beeilung
Geldzuteilung
Heilung
Peilung
Teilung
Übereilung
Verteilung
Zuteilung

-eim
Altenheim
anheim
beim
daheim
geheim
Heim
heim
Honigseim
insgeheim
Keim
Leim
Reim
Schleim
Seim
Sex and Crime
→ *-eimen*

-eimen
geheimen
keimen
leimen
reimen

schleimen
timen
verleimen
→ *-eim*

-eimer
Eimer
Pappenheimer
Reimer
Schleimer

-ein
allein
allgemein
Augenschein
Bein
dein und mein
Design
drein
Edelstein
Elfenbein
fein
Führerschein
Gebein
gemein
Gestein
Glücklichsein
Hain
herein
hinein
hinterdrein
Höllenpein
hundsgemein
irgendein
Jägerlatein
kurz und klein
Latein
Meilenstein
mein
Nachhinein
Nasenbein
nein!
Pein
querfeldein
Rain
rein
Rhein
Schein
Schrein
Schwein
S-/sein
Sonnenaugenschein
Stachelschwein
Stein
Stelldichein
tagaus tagein
Totenschein
überein
ungemein
Verein

Wässerlein
Wein
Zipperlein
zu zwein
→ *-eien*

-eine
alleine
allgemeine
Beine
deine
gemeine
L-/leine

-einen
beweinen
die deinen
entbeinen
entsteinen
erscheinen
greinen
im Allgemeinen
Leinen
meinen
scheinen
vereinen
verneinen
weinen

-einer
Designer
feiner
keiner
Lateiner
Liner
Pichelsteiner
Schreiner
Verneiner

-einern
schreinern
steinern
verallgemeinern
verfeinern
verkleinern
versteinern
zerkleinern

-einert
geschreinert
verallgemeinert
verfeinert
verkleinert
zerkleinert

-einheit
Allgemeinheit
Einheit
Feinheit
Gemeinheit
Reinheit

-einig (-ich)
alleinig
einig
fadenscheinig
steinig
weinig
→ *-einigt*

-einigt
bereinigt
bescheinigt
einigt
geeinigt
gepeinigt
gereinigt
gesteinigt
peinigt
reinigt
vereinigt

-einisch
lateinisch
rheinisch
schweinisch

-einlich
augenscheinlich
kleinlich
peinlich
reinlich
unwahrscheinlich
wahrscheinlich

-eins
deins und meins
Einmaleins
Mainz
unsereins

-einsam
einsam
gemeinsam
peinsam

-eint
angeleint
beweint
Feind
geeint
gemeint
gut gemeint

ungeeint
vereint
verweint
weint
→ *-einen*

-einung
Erscheinung
Meinung
Verneinung

-eirat
Beirat
Heirat
Kanzleirat

-eis
Beweis
Bienenfleiß
Edelweiß
Ehrenpreis
Eis
Fleiß
Geheiß
Geiß
Geleis
Geschmeiß

greis
heiß
Jubelgreis
Kreis
leis
Mais
N-/naseweis
Preis
Reis
Scheiß
Schweiß
Steiß
Verschleiß
weiß
Wendekreis
Verweis

-eisch
Fleisch
Gekreisch
→ *-eischen*

-eischen
erheischen
heischen
kreischen
maischen
zerfleischen

-eise
der Weise
die Waise
die Weise
dummerweise
Geleise
Handlungs-
weise
leise
Meise
Reise
Schneise
Speise
Waise
→ *-eis / -eisen*

-eisel
Beisel
Geisel
Kreisel

-eisen
bereisen
beweisen
Eisen
entgleisen
greisen
kreisen
leisen
lobpreisen
preisen
reisen
speisen
überweisen
umkreisen
unterweisen
vereisen
vergreisen
verreisen
verspeisen
verweisen
weisen
→ *-eist*

-eiser
Appetizer
heiser
Kaiser
naseweiser
Platzanweiser
Synthesizer
weiser

-eislich
ausweislich
erweislich
preislich
wohlweislich

-eiße
die Weiße
heiße
Scheiße

-eißel
Geißel
Geweißel
Meißel

-eißen
beißen
bescheißen
gleißen
heißen
kreißen
Meißen
reißen
scheißen
schmeißen
schweißen
verbeißen
verheißen
verreißen
verschleißen
verschweißen
weißen
zerbeißen
zerreißen
zerschleißen
zerschmeißen
→ *-eis*

-eißend
beißend
gleißend
kreißend
reißend
→ *-eißen*

-eißer
Bullenbeißer
Federweißer
heißer
Hosen-
scheißer
Possenreißer
Reißer
Scheißer
Schweißer
weißer

-eißig (-ich)
beiß ich
dreißig
fleißig
schweißig
→ *-eißen*

-eist
beißt
dreist
du weißt
eingekreist
entgleist
feist
Geist
meist
umgekreist
vereist
vergreist
verschweißt
verwaist
weit gereist
zugereist
zumeist
→ *-eisen / -eißen*

-eiste
dreiste
entgleiste
erdreiste
im Geiste
L-/leiste
→ *-eisen / -eist*

-eister
Bürgermeister
dreister
feister
Geister
Kellermeister
Kleister
koppheister
Meister
→ *-eistern*

-eistern
begeistern
geistern
kleistern
meistern
verkleistern

-eisung
Entgleisung
Lobpreisung
Überweisung
Umkreisung
Unterweisung
Vereisung
Vergreisung
Weisung

-eit
Abhängigkeit
Abwesenheit
Ähnlichkeit
all right!
allzeit
Anfälligkeit
Annehmlich-
keit
Anwesenheit
Anzüglichkeit
Aufrichtigkeit
Befindlichkeit
Behaglichkeit
Bescheiden-
heit
Beständigkeit
breit
Byte
Christenheit
Copyright
Dankbarkeit
Deutlichkeit
Dunkelheit
Ehrlichkeit
Eid
Eigenheit
eingereiht
eingeschneit
eingeweiht
Einigkeit
Einsamkeit
Einzelheit
Eitelkeit
entzweit
Ewigkeit
Fähigkeit
Festlichkeit
Fight
Flüssigkeit
Freundlichkeit
Fröhlichkeit
Gastlichkeit
Geborgenheit
Gefälligkeit
gefeit
Gegebenheit
Gelassenheit
Gelegenheit
Gemütlichkeit
Geselligkeit
Großzügigkeit
Häufigkeit
Heiterkeit
Herrlichkeit
Herzlichkeit
jederzeit
Kleid
Kleinigkeit
Köstlichkeit

L-/leid
Langsamkeit
Leichtigkeit
Menschlichkeit
Minderheit
Möglichkeit
Munterkeit
Nachlässigkeit
Nettigkeit
Neuigkeit
Offenheit
Park and Ride
Persönlichkeit
Pünktlichkeit
Redseligkeit
Schneid
Sehenswürdigkeit
seid/seit
seinerzeit
Seligkeit
Seltenheit
Sicherheit
Sparsamkeit
Streit
Tätigkeit
Unklarheit
Unvorsichtigkeit
Unwissenheit
Verbindlichkeit
Verbundenheit
Vergangenheit
verschneit
Verwegenheit
Vielseitigkeit
Vollständigkeit
Wachsamkeit
Weiblichkeit
weit
Weitläufigkeit
Wichtigkeit
Wirklichkeit
Wirksamkeit
Zärtlichkeit
Zeit
Zielstrebigkeit
zu zweit
Zufriedenheit
Zutraulichkeit
Zweisamkeit
Zwistigkeit
→ *-eiten*

-eite
beiseite
bestreite
Breite
erstreite
Gefreite
Haaresbreite
pleite
Saite
Seite
streite
Weite
→ *-eiten*

-eiten
aufarbeiten
begleiten
beizeiten
bereiten
bestreiten
entgleiten
fighten
geleiten
Gezeiten
gleiten
leiten
reiten
schreiten
Seiten
streiten
überschreiten
verbreiten
verleiten
vorbereiten
weiten
zuzeiten
→ *-eien*

-eiter
Außenseiter
Begleiter
Blitzableiter
Eiter
Fighter
Gefreiter
heiter
Leiter
Reiter
Spitzenreiter
Streiter
Wegbereiter
→ *-eitern*

-eitern
erheitern
erweitern
scheitern
verbreitern

-eitet
abgeleitet
ausgebreitet
ausgeweitet
begleitet
hingebreitet
weit verbreitet
zart besaitet
→ *-eiten*

-eitig (-ich)
anderweitig
begleit ich
doppelseitig
seitig
streitig
zeitig
→ *-eiten*

-eits
allerseits
bereits
Geiz
ihr seid's
meinerseits
Reiz
Schweiz

-eitung
Aufarbeitung
Ausarbeitung
Begleitung
Bereitung
Leitung
Überleitung
Überschreitung
Verbreitung
Vorbereitung
Zeitung
Zubereitung

-eiung
Befreiung
Beleihung
Entweihung
Entzweiung
Prophezeiung
Reihung
Verleihung
Verzeihung

-eizen
beheizen
beizen
geizen
heizen
reizen
spreizen
überreizen
verheizen
Weizen

-eizung
Beheizung
Beizung
Heizung
Reizung
Spreizung
Überreizung

-ek
Beleg
Bibliothek
Diskothek
Gartenweg
Hypothek
Kolleg
Privileg
Steak
Steg
Videothek
Weg

-eke
Apotheke
Azteke
Kopeke
Theke

-ekel
E-/ekel
Menetekel
Schekel
→ *-ekeln*
→ *-äkel*

-ekeln
ekeln
verekeln
→ *-äkeln*

-ekt
→ *-eckt*

-ektisch
dialektisch
Ecktisch
hektisch

-ektor
Detektor
Direktor
Inspektor
Lektor
Projektor
Reflektor
Rektor
Sektor

-el = fidel
Archipel
Befehl
fehl
Gel

Hehl
Israel
Juwel
Kamel
Klientel
Mehl
meiner Seel!
Paneel
parallel
scheel
→ *-ehlen*

-el
→ *-ell*

-elbe
dasselbe
derselbe
Elbe
gelbe

-elch
Elch
Kelch
welch

-elde
Felde
Gelde

M-/melde
Schelde
→ *-älde*

-elder
die Felder
die Gelder
Feuermelder
Melder
→ *-älder*

-ele
befehle
fidele
Garnele
Kehle
Makrele
Parallele
Querele
Seele
Ukulele
→ *-el/-ehlen*
→ *-äle*

-elen
→ *-ehlen*

-elf
Behelf
do it yourself
elf
ich helf

-elfe
Elfe
ich helfe

-elfen
Elfen
helfen
→ *-elfe*

-elge
Felge
schwelge
→ *-älge*

-elisch
evangelisch
seelisch

-elke
Elke
melke
Nelke
welke

-elken
die Nelken
melken
welken

-ell
aktuell
Appell
Aquarell
Bordell
Drell
Duell
eventuell
Fell
finanziell
Flanell
formell
funktionell
Gebell
gell
generell
Gestell
grell
hell
Hotel
individuell
intellektuell
Kapitell
Karamell
Kartell
Karussell
Kastell
kommerziell
kriminell
kulturell
manuell
materiell
Modell
Motel
notariell
offiziell
originell
Pastell
Quell
rationell
reell
rituell
schnell
sensationnell
sexuell
Skalpell
speziell
spirituell
strukturell
traditionell
universell
virtuell
visuell
zeremoniell

-ella
a cappella
Mortadella
Pulcinella
Tarantella

-elle
aktuelle
anstelle
Bagatelle
Delle
Forelle
Frikadelle
Gazelle
Gebelle
Geselle
Kapelle
Kelle

Libelle
Novelle
Parzelle
Pelle
Quelle
Sardelle
Schwelle
Stelle
Tabelle
Welle
Zelle
Zitadelle
→ *-ellen*
→ *-älle*

-ellen
bellen
bestellen
dazugesellen
erhellen
erstellen
gellen
gesellen
grellen
pellen
prellen
quellen
schellen
schnellen
schwellen
stellen
unterstellen
verbellen
verprellen
verstellen
W-/wellen
zufrieden-
stellen
→ *-ällen*

-eller
aktueller
Besteller
Keller
Muskateller
Propeller
Schweller
Teller
Weichensteller
→ *-äller*

-ello
Cello
Leporello
picobello

-ellt
abgestellt
angebellt
aufgehellt
aufgestellt
ausgestellt
bestellt
dahingestellt
eingestellt
Entgelt
entstellt
erhellt
Feld
festgestellt
freigestellt
Geld
gestellt
gewellt
Held
hergestellt
Himmelszelt
nachgestellt
stellt
stolz-
geschwellt
Superheld
Unterwelt
unverstellt
vorgestellt
Welt
Zelt
zugestellt
→ *-ält*

-ellung
Bestellung
Erhellung
Erstellung
Fertigstellung
Prellung
Richtigstel-
lung
Schwellung
Stellung
Unterstellung
Verstellung
Zusammen-
stellung

-elm
Helm
Schelm

-elt
→ *-ellt*

-elten
abgestellten
bellten
entgelten
gelten
schelten
selten
vergelten
Welten
zelten
→ *-älten*

-elter
Angestellter
Zelter
→ *-älter*

-eltlich
unentgeltlich
weltlich
→ *-ältlich*

-eltung
Geltung
Vergeltung
→ *-ältung*

-elz
er bestellt's
Pelz
Schmelz
vergelt's

-elze
Pelze
Schmelze
Stelze
→ *-elzen*
→ *-älzen*

-elzen
P-/pelzen
S-/stelzen
schmelzen
Spelzen
→ *-älzen*

-em
angenehm
außerdem
bequem
Boheme
Creme
Diadem
ehedem
Emblem
extrem
genehm
Lehm
nachdem
Problem
seitdem
System
wem
→ *-emen*

-em
DM
plempem
RAM
WM

-ema
Schema
Thema

-emden
befremden
Emden
Hemden
verfremden

-eme
angenehme
Chrysantheme
Creme
Diademe
Tantieme
→ *-em*
→ *-äme*

-eme
→ *-em*

-emen
B-/benehmen
bequemen
cremen
Einvernehmen
entnehmen
nehmen
Schemen
Tantiemen
Themen
U-/unter-
nehmen
übernehmen
vernehmen

-emer
angenehmer
bequemer
Arbeitnehmer
Unternehmer
→ *-em*
→ *-ämer*

-emisch
akademisch
blasphemisch
chemisch
polemisch
→ *-ämisch*

-emme
Bemme
Gemme
hemme
Kaschemme
Klemme
Memme
Schwemme
→ *-emmen*
→ *-ämme*

-emmen
enthemmen
hemmen
klemmen
schlemmen
schwemmen
über-
schwemmen
verklemmen
→ *-emme*
→ *-ämmen*

-emmt
ange-
schwemmt
aufge-
schwemmt
eingeklemmt
fremd
gehemmt
Hemd
hemmt
verklemmt
wildfremd
→ *-emmen*
→ *-ämmt*

-emmung
Hemmung
Überschwem-
mung
Verklemmung

-emmter
gehemmter
verklemmter

-empel
Exempel
Gerempel
K-/krempel
Stempel
Tempel
→ *-empeln*

-empeln
krempeln
rempeln
stempeln
→ *-empel*

-empelt
angerempelt
krempelt
umgerempelt
→ *-empeln*

-emse
B-/bremse
Emse
Themse
→ *-ämse*

-emser
Bremser
Kremser
→ *-ämser*

-emung
Unter-
nehmung
Vernehmung
→ *-ämung*

-emut
Demut
Wehmut

-en = Arsen
autogen
den
erogen
exogen
fotogen
Gen
Halogen
homogen
Kollagen
Kren
Mäzen
Phänomen
schizophren
telegen
wen
zehn
→ *-ehen* /
-ehnen
→ *-än*

-en
→ *-enn*

-ena
Arena
Jena
Siena

-enda
Agenda
Hazienda

-ende
Agende
B-/blende
Dividende
Ende
horrende
Legende
Lende
Spende
stupende
Wende
→ *-ände*

-endel
Lavendel
P-/pendel
→ *-ändel*

-enden
beenden
B-/bewenden
blenden
enden
senden
spenden
überblenden
verenden
verschwenden
versenden
verwenden
vollenden
wenden
→ *-ende*
→ *-änden*

-ender
Blender
Fender
Kalender
Sender
Spender

Tender
Verschwender
Vierzehnender
→ *-änder*

-endet
abgewendet
angewendet
blendet
geblendet
verendet
vollendet
→ *-enden*

-endi
Effendi
Modus vivendi
→ *-ändi*

-endig (-ich)
lebendig
wendig
zeitaufwendig
→ *-ändig*

-endlich
→ *-enntlich*

-endo
crescendo
Kendo

-ends
→ *-enz*

-endung
Blendung
Endung
Sendung
Überblendung
Verblendung
Verschwendung
Verwendung
Vollendung
Wendung
→ *-ändung*

-ene
belehne
Hygiene
jene
Lehne
notabene
Sehne
Sirene
Szene
Vene
→ *-ehnen*
→ *-äne*

-enen
→ *-ehnen*

-ener
Container
Entertainer
Italiener
jener
Trainer
Trakehner
Zehner

-eng
Ginseng
Nasi-Goreng
peng!
streng
→ *-engen*

-enge
E-/enge
Gemenge
Gesprenge
Menge
Senge
S-/strenge
→ *-engen*
→ *-änge*

-engel
Bengel
Engel
Gequengel
quengel
Racheengel
Schwengel
Sprengel
→ *-ängel*

-engen
beengen
mengen
sengen
sprengen
strengen
vermengen
versengen
zersprengen
→ *-enge*
→ *-ängen*

-englig
quenglig
→ *-änglich*

-engst
beengst
Hengst
→ *-engen*
→ *-ängen*

-engste
denkste!
engste
strengste
→ *-ängste*

-engt
angesengt
angestrengt
besengt
verengt
versengt
versprengt
→ *-engen*
→ *-ängt*

-engung
Sprengung

Verengung
Vermengung

-enisch
hygienisch
italienisch
ökumenisch
szenisch

-enk
denk
eingedenk
Gelenk
Geschenk
Schenk
ungelenk
→ *-enken*
→ *-änk*

-enkbar
denkbar
erdenkbar
lenkbar
schwenkbar
unausdenkbar
versenkbar

-enke
denke
Gelenke
Menkenke
Schenke
Senke
ungelenkte
→ *-enken*
→ *-änke*

-enkel
Enkel
Henkel
Schenkel
Senkel
→ *-änkel*

-enkeln
besprenkeln
Enkeln
→ *-änkeln*

-enken
Bedenken
beschenken
erdenken
gedenken
henken
lenken
schenken
schwenken
senken
ungelenken
verdenken
verrenken
verschenken
versenken
→ *-enke*
→ *-änken*

-enker
Denker
Henker
Lenker
S-/schlenker
Schwenker
→ *-änker*

-enklich
bedenklich
erdenklich
unausdenklich
→ *-änklich*

-enkste
→ *-engste*

-enkt
abgelenkt
abgeschwenkt
aufgehenkt
ausgerenkt
denkt
eingelenkt
eingerenkt
eingeschwenkt
ferngelenkt
gehenkt
versenkt
→ *-enken*
→ *-änkt*

-enkung
Lenkung
Schenkung
Senkung
Verrenkung
Versenkung

-enn
denn
ISDN
majorenn
minorenn
Ren
Top ten
Twen
UN
wenn
Yen
Zen
→ *-änn*

-ennbar
brennbar
erkennbar
trennbar
unverkennbar

-enne
Antenne
brenne
Geflenne
Gerenne
Henne
Penne
Tenne
→ *-ennen*

-ennen
Ardennen
benennen
brennen
erkennen
ernennen
flennen
kennen
nennen
pennen
rennen
trennen
verbrennen
verkennen
verrennen
→ *-enne*

-enner
Brenner
Kenner
Nenner
Penner
Renner
Senner
→ *-änner*

-ennlich
unzertrennlich
→ *-ännlich*

-enntlich
endlich
erkenntlich
kenntlich
unabwendlich
unendlich
→ *-ändlich*

-enntnis
Bekenntnis
Erkenntnis
Kenntnis
→ *-ändnis*

-ennts
→ *-enz*

-ennung
Benennung
Ernennung
Kennung
Nennung
Trennung
Verbrennung
Verkennung

-ens
Dispens
Dissens
immens
Konsens

-ense
Sense
Trense

-enst
brennst
Gespenst
→ *-ennen*

-enster
Fenster
Gespenster

-ent
Abonnent
Absolvent
abstinent
Advent
Agent
Akzent
Argument
Assistent
Aszendent
Cent
dekadent
dezent
Dirigent
Dokument
Dozent
effizient
Element
eminent
E-/event
Experiment
exzellent
Firmament
Fundament
getrennt
Happyend
Inserent
Inspizient
Instrument
intelligent
Interessent
Klient
kompetent
Kompliment
konsequent
Kontinent
Management
Monument
Open end
opulent
Orient
Ornament
patent
Patient
Pergament
Präsident
prominent
Regiment
renitent
resistent
Student
Testament
Talent
Temperament
Transparent
Trend
turbulent

vehement
Zement
→ *-änd*

-ent = Montblanc
Abonnement
Amüsement
Appartement
Arrangement
Département
en passant
Engagement
Etablissement
Fondant
nonchalant
Paravent
Pendant
Raffinement
Reglement
Ressentiment
Restaurant

-enta
Plazenta
Polenta

-ente
Akzente
al dente
Alimente
Ambiente
Dolce far niente
Ente
Exkremente
Komponente
Polente
Posamente
Rente
Tangente
Zeitungsente

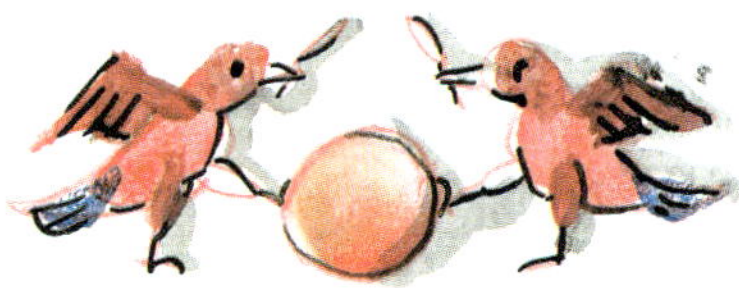

-enten
Abiturienten
Fisimatenten
flennten
→ *-ent*

-enter
abstinenter
Center
enter
Exzenter
kenter
Sortimenter
→ *-ent*

-entin
Agentin
Assistentin
Dozentin
Interessentin
Klientin
Konkurrentin
Korrespondentin
Patientin
Präsidentin
Referentin
Studentin

-entisch
authentisch
identisch

-entlich
→ *-enntlich*

-entner
Rentner
Zentner

-ento
Divertimento
Lamento

-enz
Abstinenz
Audienz
Dekadenz
Differenz
Essenz
Existenz
Exzellenz
Impotenz
Intelligenz
Kompetenz
Konsequenz
Lenz
Potenz
Präsenz
Prominenz
Quintessenz
Referenz
Stenz
Tendenz
Transparenz
Turbulenz
Vehemenz
→ *-ent/-enzen*

-enzt
abgegrenzt
ausgegrenzt
begrenzt
grenzt
→ *-änzt*

-eo
Beo
Deo
Montevideo
Rodeo

-epfe
Schnepfe
→ *-äpfe*

-epp
Crêpe
Depp
Krepp
Nepp
Pep
Schlepp
→ *-eppen*
→ *-äpp*

-eppe
s-/Steppe
Schleppe
Treppe
→ *-eppen*
→ *-äppe*

-eppen
Deppen
neppen
schleppen
steppen
verschleppen
versteppen
→ *-eppe*
→ *-äppen*

-epper
Geschepper
Klepper
Nepper
Schlepper
zerdepper
→ *-äpper*

-eppert
bedeppert
deppert
gescheppert
scheppert
→ *-äppert*

-ept
Konzept
Rezept
schleppt
verschleppt
→ *-eppen*
→ *-äppt*

-eptisch
antiseptisch
epileptisch
septisch
skeptisch

-er
bisher
Camembert
Couvert
der/er
Dessert
einher
hehr
hinterher
kreuz und quer
Kuvert
leer
leger
Luzifer
Meer
mehr
nebenher
Revers
schwer
sehr
Speer
Teer
Transfer
Verkehr
Verzehr
von jeher
vorher
wer
Wiederkehr
woher
→ *-ehren*
→ *-är*

-erb
Adverb
derb
Erwerb
herb
superb
Verb
Verderb
Wettbewerb
→ *-erben*

-erbe
E-/erbe
Gewerbe
Kerbe
Scherbe
Serbe
→ *-erb / -erben*

-erben
beerben
bewerben
erben
erwerben
gerben
kerben
sterben
V-/verderben
Verben
vererben
werben
→ *-erbe*
→ *-ärben*

-erber
Berber
Bewerber
Gerber
Sperber
Spielverderber
Verderber
Werber
→ *-ärber*

-erblich
erblich

gewerblich
sterblich
unsterblich
verderblich
vererblich

-erbst
Herbst
→ *-erben*

-erbung
Bewerbung
Erwerbung
Kerbung
Vererbung
Werbung

-erche
Lerche
P-/pferche
→ *-ärche*

-erd
→ *-ehrt*

-erde
Beschwerde
E-/erde
Herde
Pferde
werde
→ *-ärde*

-erden
Beschwerden
erden
Herden
werden
→ *-erde*
→ *-ärden*

-erdig (-ich)
ebenerdig
erdig
werd ich
→ *-ärdig*

-ere
Bajadere
Barriere
Beere
begehre
Belvedere
Bonbonniere
Ehre
Garderobiere
Gondoliere
Karriere
Kehre
Konifere
L-/leere
L-/lehre
Misere
Portiere
Premiere
Quere
Schere
Schwere
→ *-ehren/-er*
→ *-äre*

-erfen
entnerven
entwerfen
Nerven
nerven
über-
werfen
unterwerfen
werfen
→ *-ärfen*

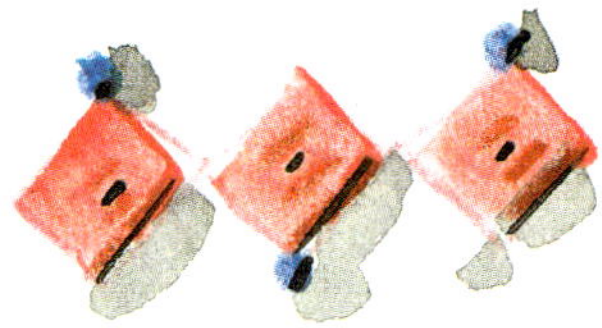

-erft
nervt
→ *-erfen*
→ *-ärf*

-erfung
Unterwerfung
Verwerfung

-erg
Augenmerk
Berg
Meisterwerk
merk
Vermerk
Werk
Zwerg
→ *-erken*
→ *-ärk*

-erge
B-/berge
Scherge
Zwerge

-ergen
bergen
Schergen
Spitzbergen
verbergen
→ *-ärgen*

-erger
Drückeberger

-ergisch
allergisch
energisch

-erie
Arterie
Bakterie
Materie
Serie

-erien
Ferien
→ *-erie*
→ *-erium*

-erig (-ich)
begehr ich
bisherig

gelehrig
seitherig
vorherig
→ *-ehren*
→ *-ärig*

-erisch
ätherisch
cholerisch
esoterisch
homerisch
hysterisch
numerisch
→ *-ärisch*

-erium
Imperium
Klimakterium
Kriterium
Ministerium
Mysterium

-erk
→ *-erg*

-erke
merke
Vermerke
→ *-erg/erken*
→ *-ärke*

-erken
bemerken
merken
vermerken
→ *-erk*
→ *-ärken*

-erker
Berserker
Erker
Kerker
Merker
→ *-ärker*

-erkung
Bemerkung

-erle
Erle
Kerle
Perle

-erme
Herme
Therme
→ *-ärme*

-ermen
Thermen
→ *-ärmen*

-ern
extern
fern
gern
Herrn
insofern
intern
inwiefern
Kern
Konzern
modern
sofern
Stern
→ *-ernen*

-erne
Ferne
gerne
Kaserne
Laterne
Moderne
Taverne
→ *-ern/-ernen*

-ernen
besternen
entfernen
entkernen
erlernen
fernen
lernen
verlernen
→ *-ern/-erne*

-ernt
angelernt
ausgelernt
besternt
entfernt
gelernt
ungelernt
→ *-ernen*

-ernung
Besternung
Entfernung
Entkernung
Erlernung

-ero
Bolero
Caballero
Sombrero
Torero
Zero

-err
Gezerr
Herr
Parterre
PR

-erre
Gezerre
Parterre
S-/sperre

-erren
Herren
S-/sperren
versperren
verzerren
zerren

-errin
Herrin

-errisch
herrisch
→ *-ärrisch*

-errung
Sperrung
Verzerrung
Zerrung

-ers
kontrovers
pervers
Revers
Vers

-erse
diverse
Ferse/Verse
Kontroverse
perverse
Traverse
→ *-ärse*

-ert
→ *-ehrt*

-ert
alert
eingesperrt
gesperrt
gezerrt
Konzert
sperrt
versperrt
verzerrt
zerrt

-erren

-erte = Gerte
der alerte
Experte
Gallerte
Offerte
sperrte
→ *-erren*
→ *-ärte*

-erten
begehrten
bewerten
verwerten
werten
→ *-ehren*
→ *-ärten*

-erten
= sperrten
die alerten
Experten
→ *-erte*
→ *-ärten*

-ertig (-ich)
begehrt ich
höherwertig
minderwertig
→ *-ehren*
→ *-ärtich*

-ertig (-ich)
= fertig
sperrt ich
→ *-erren*
→ *-ärtig*

-erv
Nerv

-erve
Konserve
Reserve
Verve

-erven
die Reserven
Konserven

-erz
des Konzerts
Erz
Herz
Kommerz
Nerz
Scherz
Schmerz
sperrt's
Sterz
Terz
→ *-erren* / *-erzen*
→ *-ärts*

-erze
Erze
Kerze
→ *-erz* / *-erzen*
→ *-ärze*

-erzen
herzen
Kerzen
scherzen
schmerzen
verscherzen
verschmerzen
→ *-erz*
→ *-ärzen*

-erzlich
herzlich
schmerzlich

-erzt
ausgemerzt
beherzt
→ *-erzen*
→ *-ärzt*

-es = Fes
in medias res
Peloponnes
→ *-e*
→ *-äß*

-es
→ *-ess*

-esch
fesch
resch
→ *-äsch*

-esche
Bresche
D-/dresche
Depesche
Esche
fesche
Kalesche
→ *-äsche*

-escher
Drescher
fescher
Kescher
→ *-äscher*

-ese
Askese
Chinese
Diözese
G-/genese
Hypothese

Lese
lese
Pekinese
Prothese
Synthese
These
→ *-esen*
→ *-äse*

-esel
Esel
Wesel

-esen
abgelesen
ablesen
aufgelesen
auserlesen
belesen
Besen
erlesen
gelesen
genesen
gewesen
pesen
Spesen
verlesen
verwesen
Vogesen
vorgelesen
Wesen
zerlesen
→ *-äsen*

-eser
Blazer
Laser
Leser
Malteser
Weser
→ *-äser*

-esk
burlesk
grotesk
kafkaesk
karnevalesk
pittoresk

-eske
Arabeske
Burleske
Freske
Groteske
Humoreske
→ *-esk*

-espe
Espe
Trespe
Wespe

-ess
ABS
Abszess
Baisse
Baroness
Cleverness
Deux-pieces
Dress
E-/es
express
Exzess
Herkules
Hostess
indess
kess
Komtess
Kongress
Loch Ness
Mephisto-
pheles
Nobless
Prinzess
Profess
Prozess
PS
Regress
SOS
Stewardess
Stress
Tristesse

-essbar
erpressbar
essbar
messbar

-esse
Adresse
Baronesse
Blesse
Delikatessse
die kesse
Esse/esse
Finesse
F-/fresse
Interesse
Kompresse
Komtesse
Kresse
Messe
Noblesse
Politesse
Presse
Raffinesse
Tresse
Zypresse
→ *-ess*
→ *-ässe*

-essel
F-/fessel
Kessel
Nessel
Sessel

-esseln
entfesseln
fesseln
→ *-essel*

-esselt
eingekesselt
entfesselt
fesselt
gefesselt

-essen
Adressen
angefressen
angemessen
aufgegessen
besessen
dessen
E-/essen
Ermessen
erpressen
F-/fressen
indessen
kessen
pflicht-
vergessen
pressen
unterdessen
verfressen
vergessen
vermessen
versessen
wessen
zerfressen
→ *-esse*

-esser
besser
Erpresser
Esser
Fresser
Messer
Mitesser
→ *-ässer*

-essern
ausbessern
bessern
Erpressern
verbessern
→ *-esser*

-essert
ausgebessert
bessert
gebessert
verbessert
→ *-esser*

-essig (-ich)
ess ich
Essig
stressig
→ *-ässig*

-esslich
ermesslich
unermesslich
unvergesslich
vergesslich
→ *-ässlich*

-essor
Aggressor
Assessor
Kompressor
Professor
Prozessor

-essung
Erpressung
Messung
Pressung
Vermessung

-est
Arrest
Asbest
Attest
bibelfest
F-/fest
Freudenfest
gepresst
gestresst
Härtetest
Inzest
Liebesnest
Manifest
Nest
Pest
Podest
Protest
Rest
sattelfest
Test
Überrest
West

-esta
Celesta
Fiesta
Siesta

-este
beste
F-/feste
Geste
presste
stresste
Weste
→ *-est*/*-esten*
→ *-äste*

-estelt
genestelt
nestelt
→ *-ästelt*

-esten
besten
betressten
pressten
stressten
testen
verpesten
Westen

→ *-est*
→ *-ästen*

-ester
Bester!
Chester
Nester
Orchester
Polyester
Schwester
Semester
Silvester
Südwester
Tester
Trester
→ *-est*

-estern
gestern
Western

-estigt
befestigt
gefestigt
→ *-ästigt*

-estlich
festlich
restlich
westlich

-estor
Investor
Nestor
→ *-ästor*

-estrig (-ich)
Estrich
gestrig

-estung
Festung
Testung
Verpestung
→ *-ästung*

-esung
Genesung
Lesung
Verlesung
Verwesung
→ *-äsung*

-et
abgedreht
Alphabet
Analphabet
angedreht
Asket
Ästhet
Athlet
aufgedreht
Beet
beredt
Dekret
diskret
Gebet
Interpret
Komet
konkret
Magnet
Paket
Pamphlet
Planet
Poet
Prolet
Prophet
Reet
Sekret
tête-à-tête
überdreht
verweht
→ *-ät*

-et
→ *-ett*

-ete
Beete
bete
drehte
etepetete
Fete
Gebete
Knete
Machete
Monete
Muskete
Pastete
Pesete
Rakete
rote Bete
Tapete
Trompete
→ *-eten*
→ *-äte*

-eten
abgetreten
angetreten
ausgetreten
beten
betreten
eingetreten
Feten
kneten
Moneten
treten
trompeten
verbeten
vertreten
→ *-äten*

-eter
Barometer
diskreter
Geometer
Gezeter
Kilometer
Leisetreter
Millimeter
Salpeter
Tachometer
Thermometer
Treter
Trompeter
Vertreter
Zentimeter
→ *-äter*

-eti
Krethi
Plethi
Yeti

-etig (-ich)
bet ich
dreht ich
stetig
→ *-ätig*

-etik
Arithmetik
Ästhetik
Diätetik
Ethik
Genetik
Kosmetik
Kybernetik
Phonetik
Poetik
Synthetik

-etin
Athletin
Interpretin
Prophetin

-etisch
alphabetisch
arithmetisch
asketisch
ästhetisch
athletisch
ethisch
Fetisch
frenetisch
genetisch
hermetisch
kosmetisch
magnetisch
pathetisch
phonetisch
poetisch
prophetisch
synthetisch
theoretisch
→ *-ätisch*

-ets
→ *-ez*

-etsch
Etsch
Gefletsch
Sketch
Stretch
→ *-ätsch*

-etschen
fletschen
quetschen
Sketchen
zerquetschen
Zwetschen
→ *-ätschen*

-ett
adrett
Amulett
Baguette
Ballett
Bankett
Bett
brünett
Bukett
Duett
Etikett
F-/fett
Florett
Internet
Jet
Kabarett
Kabinett
Kfz
Klosett
kokett
komplett
Menuett
Mett
nett
Omelett
Parkett
Raclette
Roulette
Set
Skelett
Stilett
Tablett
Vinaigrette
violett
→ *-etten*

-ette
Bulette
Chansonette
Diskette
Dublette
Etikette
Facette
Gazette
Jalousette
Kassette
Kastagnette
Kette
Klarinette
Klette
Manschette
Marionette
Operette
Palette
Pipette
Pirouette
Plakette
Rosette
Sandalette
Serviette
Silhouette
Stafette
Tablette
Toilette
Vignette
Wette

Zigarette
→ *-etten*
→ *-ätte*

-etteln
betteln
erbetteln
ketteln
verketteln
verzetteln
zetteln

-ettelt
angezettelt
bettelt
gebettelt
→ *-etteln*

-etteln
betten
erretten
fetten
jetten
ketten
Koteletten
retten
verfetten
verketten
verwetten
wetten
→ *-ette*
→ *-ätte*

-etter
adretter
Bretter
Donnerwetter
Geschmetter
netter
Regenwetter
Retter
Setter
Vetter
Wetter
→ *-ett*
→ *-ätter*

-ettern
brettern
klettern
schmettern
wettern
zerschmettern
→ *-ättern*

-ettet
angekettet
eingebettet
eingefettet
errettet
festgekettet
gebettet
verfettet
verkettet
→ *-etten*

-etti
alles paletti!
Konfetti
Spagetti

-etto
allegretto
Ghetto
in petto
Libretto
netto

-etts
→ *-etz*

-ettung
Errettung
Rettung
Verfettung
Verkettung

-etz
Gehetz
Gesetz
→ *-äz*

-etzbar
ersetzbar
übersetzbar
verletzbar
→ *-ätzbar*

-etze
Gehetze
Gesetze
Hetze
Metze
Petze
→ *-etz*
→ *-ätze*

-etzen
benetzen
besetzen
E-/entsetzen
ersetzen
fetzen
hetzen
petzen
setzen
übersetzen
verhetzen
verletzen
vernetzen
verpetzen
versetzen
wetzen
widersetzen
zerfetzen
zersetzen
→ *-etze*
→ *-ätzen*

-etzer
Hetzer
Ketzer
Ofensetzer
Setzer
Übersetzer
Verhetzer
→ *-ätzer*

-etzlich
entsetzlich
gesetzlich
unersetzlich
unverletzlich
verletzlich
widersetzlich
→ *-ätzlich*

-etzt
abgehetzt
abgewetzt
angehetzt
angewetzt
aufgehetzt
ausgesetzt
beigesetzt
besetzt
entsetzt
festgesetzt
gesetzt
jetzt
übersetzt
untersetzt
unverletzt
verletzt
versetzt
vorausgesetzt
zu guter Letzt
zuletzt
→ *-etzen*
→ *-ätzt*

-etzung
Besetzung
Übersetzung
Verhetzung
Verletzung
Vernetzung

Versetzung
Zersetzung
→ *-ätzung*

-eu
ahoi!
Boy
Bräu
Gebräu
getreu
Goi
Heu
Konvoi
Leu
neu
Scheu
Spreu
toi-toi-toi!
treu
→ *-euen*

-euben
bestäuben
betäuben
sträuben
zerstäuben

-eubig (-ich)
bestäub ich
gläubig
schnäubig
→ *-euben*

-eubt
bestäubt
betäubt
gestäubt
gesträubt
→ *-euben*

-euch
euch
Gekeuch
Gesträuch
→ *-euchen*

-euche
Bäuche
Gebräuche
Gekeuche
Gesträuche
Scheuche
Seuche
Vogelscheuche
→ *-euchen*

-eucheln
heucheln
meucheln

-euchen
entfleuchen

keuchen
scheuchen
Seuchen
verscheuchen
verseuchen

-euchern
räuchern
Sträuchern

-eucht
angekeucht
aufgescheucht
entfleucht
feucht
gekeucht
gescheucht
kreucht
verseucht
→ *-euchen*

-euchten
befeuchten
beleuchten
erleuchten
leuchten
Wetter-
leuchten

-euchtung
Befeuchtung
Beleuchtung
Erleuchtung

-eude
Freude
Gebäude
Räude
vergeude

-eue
betreue
Bläue
N-/neue
Reue
Säue
Schläue
Treue
→ *-eu/-euen*

-euel
Gräuel
K-/knäuel
Pleuel

-euen
bereuen
bestreuen
betreuen
bläuen
die neuen
die treuen
erfreuen
freuen
reuen
scheuen
streuen
verstreuen
vertäuen
wiederkäuen
→ *-eu*

-euer
Abenteuer
Betreuer
euer
Feuer
geheuer
Gemäuer
H-/heuer
neuer
Scheuer
Steuer
teuer
ungeheuer
Wiederkäuer
→ *-eu/-euern*

-euern
befeuern
besteuern
beteuern
erneuern
feuern
heuern
säuern
scheuern
steuern
versteuern
verteuern
→ *-euer*

-euert
angefeuert
angeheuert
angesäuert
ausgesteuert
befeuert
bescheuert
besteuert
beteuert
erneuert
überteuert
versteuert
→ *-euern*

-eufel
Geträufel
H-/häufel
Teufel
→ *-eufeln*

-eufeln
bei allen
Teufeln
H-/häufeln
schäufeln
träufeln
verteufeln

-eufen
ersäufen
häufen
träufen

überhäufen
→ *-auf*

-eufer
Käufer
Läufer
Säufer
Täufer
Überläufer
Verkäufer
Wiedertäufer

-eufig (-ich)
doppelläufig
ersäuf ich
gegenläufig
geläufig
häufig
läufig

-euft
angehäuft
aufgehäuft
ersäuft
gehäuft
läuft
säuft
verläuft
→ *-eufen*

-euge
Beuge
ich äuge
Zeuge
→ *-eugen*

-eugen
äugen
beäugen
beugen
bezeugen
erzeugen
säugen
überzeugen
verbeugen
zeugen
Zeugen

-eugt
erzeugt
gebeugt
gesäugt
überzeugt
→ *-eugen*

-eugung
Beugung
Bezeugung
Erzeugung
Überzeugung
Verbeugung
Zeugung

-eule
Beule
Eule
Fäule
Gäule
Geheule
heule
Keule
Knäule
Säule

-eulen
heulen
knäulen
verbeulen
verknäulen
→ *-eule*

-euler
Boiler
Heuler
Mäuler
Spoiler

-eulich
abscheulich
bläulich
erfreulich
getreulich
gräulich
heul ich
neulich
treulich
→ *-eulen*

-eult
ausgebeult
geheult
heult
verbeult
verheult
verknäult
→ *-eulen*

-e-um
Kolosseum
Lyzeum
Mausoleum
Museum
Tedeum
→ *-ä-um*

-eumen
räumen
säumen
schäumen
träumen
umsäumen
versäumen
verträumen
zäumen
→ *-aum*

-eumig (-ich)
geräumig
räum ich
säumig
→ *-eumen*

-eumt
abgeräumt
aufgebäumt
aufgeräumt
aufgeschäumt
aufgezäumt
ausgeträumt
eingeräumt
geräumt

träumt
umgeräumt
umsäumt
verträumt
→ *-eumen*

-eun
betreun
dräun
neun
→ *-euen*

-eune
alle Neune
Bräune
bräune
Scheune
Zäune

-eunen
bräunen
einzäunen
streunen
umzäunen

-euner
Neuner
Streuner
Zigeuner

-eunt
bräunt
Freund
gebräunt
Joint
umzäunt
→ *-eunen*

-eur
→ *-ör*

-eure
eure
Säure
→ *-euer/-euern*

-eurer
Abenteurer
Erneurer
eurer
ungeheurer
→ *-eu/-euer*

-eusch
Geräusch
keusch

-eusche
enttäusche
Geräusche
keusche
täusche

-euscht
angetäuscht
enttäuscht
getäuscht
täuscht
vorgetäuscht

-euse
Gehäuse
Läuse
Reuse
S-/schleuse
→ *-aus*

-euse
→ *-öse*

-eusel
besäusel
Gekräusel
Gesäusel
→ *-euseln*

-euseln
kräuseln
säuseln
Streuseln

-euselt
angesäuselt
besäuselt
gekräuselt
→ *-euseln*

-euser
Häuser
Kartäuser
Schleuser

-eut
bestreut
betreut
Deut
erneut
Geläut
gescheut
heut
Pharmazeut
streut
Therapeut
verstreut
vertäut
Zelluloid
→ *-euen/-euten*

-eute
bedeute
betreute
Beute
Bräute
Geläute
Häute
heute
Leute
Meute
→ *-euen/-euten*

-eutel
Beutel

-euteln
beuteln
deuteln

-eutelt
beutelt
deutelt
gebeutelt
gedeutelt
herumge-
deutelt

-euten
bedeuten
deuten
erbeuten
häuten
läuten
reuten
→ *-euen / -eute*

-euter
Bärenhäuter
erläuter
Euter
Kräuter
Stachelhäuter
→ *-eut / -eutern*

-eutern
erläutern
läutern
meutern
→ *-euter*

-eutet
ausgebeutet
bedeutet
gedeutet
→ *-euten*

-eutig (-ich)
bedeut ich
bereut ich
heutig
mehrdeutig
unzweideutig
→ *-euen / -euten*

-eutung
Bedeutung
Deutung
Häutung

-euung
Betreuung
Streuung
Zerstreuung

-euzen
bekreuzen
durchkreuzen
kreuzen
schnäuzen

-euzt
angekreuzt
gekreuzt
kreuzt
→ *-euzen*

-eve
→ *-efe*

-ex
K-/komplex
Klecks
perplex
Pontifex
Reflex
Rex
sechs
Sex
Unisex
→ *-exen*

-exe
→ *-echse*

-exen
behexen
beklecksen
Echsen
hexen
klecksen
relaxen
verhexen
→ *-echse / -ex*

-exer
Hexer
Kleckser
konvexer
perplexer
Sechser

-ext
befleckst
bekleckst
Text
verhext
zu sechst
→ *-ecken / -exen*

-exus
Sexus
Solarplexus

-ez
Dez
Fez
stets
Trapez
wie geht's?
→ *-ehen*

-ezel
Brezel
→ *-ätsel*

-ezeln
B-/brezeln
→ *-ätseln*

-ezza
Grandezza
Morbidezza

-i

-ia
Ave Maria
Cafeteria
Dia
Pizzeria
Schickeria
Trattoria

-ib
→ *-ieb*

-ibbeln
dribbeln
kribbeln

-ibel
Bibel
Fibel
flexibel
Giebel
kompatibel
penibel
plausibel
sensibel
Zwiebel

-iber
→ *-ieber*

-ibisch
akribisch
amphibisch
diebisch
karibisch

-ice = fließe
Aktrice
Caprice
Direktrice
Police
S-/schließe
→ *-ießen*

-ich (-ig)
abendlich
abenteuerlich
adelig
ansehnlich
anzüglich
ärgerlich
bedauerlich
bitterlich
brüderlich
bürgerlich
dich
eigentlich
eindringlich
erforderlich
feierlich
freundschaft-
lich
geflissentlich
gelegentlich
handgreiflich
ich
inhaltlich
inniglich
jämmerlich
jugendlich
Knöterich
königlich
lächerlich
lediglich
leserlich
liederlich
Meerrettich
mich
nachdenklich
nachträglich
neuerlich
öffentlich
ordentlich
ritterlich
schauerlich
sich
sicherlich
sommerlich
Sonnenstich
sprichwörtlich
steckbrieflich
umgänglich
unfreundlich
unmerklich
unpässlich
unschicklich
veränderlich
versehentlich
vordringlich
wesentlich
widerlich
wissentlich
wöchtentlich
wunderlich
zimperlich
zögerlich
zudringlich
zugänglich
zusätzlich
→ *-ichen*

-icheln
picheln
S-/sicheln
sticheln

-ichen
angeglichen
angestrichen
ausgeglichen
ausgewichen

beglichen
ehelichen
eingeschlichen
entwichen
erschlichen
geschlichen
gestrichen
gewichen
glichen
schlichen
verblichen
verglichen
veröffent-
lichen
wichen
→ *-ich*

-ichern
entsichern
kichern
versichern

-icht
Angesicht
Bericht
Bösewicht
Bürgerpflicht
Dämmerlicht
erpicht
Gedicht
geehelicht
Gericht
Gesicht
Gewicht
Gleichgewicht
Lebenslicht
Leichtgewicht
Licht
Lobgedicht
nicht
Schicht
schlicht
Schwerge-
wicht
Sicht
Sonderschicht
Sonnenlicht
Übersicht
Unterricht
Vergissmein-
nicht
veröffentlicht
Verzicht
Vorbericht
Wicht
Zuversicht
→ *-ichten*

-ichte
belichte
D-/dichte
ehelichte
Fichte
Gedichte
Geschichte
Nichte
Welt-
geschichte
zunichte
→ *-icht*/*-ichten*

-ichten
belichten
berichten
beschichten
dichten
entrichten
erdichten
errichten
gewichten
lichten
mitnichten
richten
schichten
schlichten
sichten
unterrichten
verdichten
vernichten
verpflichten
verrichten
verzichten
→ *-icht*/*-ichte*

-ichter
Bösewichter
D-/dichter
Gelichter
Richter
Schlichter
Trichter
→ *-icht*

-ichtet
abgedichtet
abgerichtet
belichtet
→ *-ichten*

-ichtig (-ich)
gichtig
lebenswichtig
leichtgewich-
tig
nichtig
pflichtig
richtig
schwergewich-
tig
steuerpflichtig
übersichtlich
unaufrichtig
undurch-
sichtig
uneinsichtig
unnachsichtig
unvorsichtig
wichtig
zahlungs-
pflichtig
→ *-ichten*

-ichtigt
berichtigt
beschwichtigt
besichtigt
bezichtigt

-ichtlich
absichtlich
ersichtlich

gerichtlich
geschichtlich
sichtlich
übersichtlich
unersichtlich
zuversichtlich

-ichts
angesichts
Habenichts
nichts
Taugenichts
→ *-icht*

-ichtung
Belichtung
Beschichtung
Dichtung
Lichtung
Schichtung
Schlichtung
Sichtung
Unterrichtung
Verdichtung
Vernichtung
Verpflichtung
Verrichtung

-ick
Augenblick
Blick
Brigg
dick
Flic
Genick
Geschick
Kick
klick!
Knick
Limerick
Missgeschick
quick
schick
Schlick
sic!
Strick
Tick
Trick
Überblick
Ungeschick

-icke
Clique
D-/dicke
P-/picke
Ricke
Wicke
Zicke

-ickel
Karnickel
Nickel
Pickel
Pumpernickel
Wickel
Zwickel
→ *-ickeln*

-ickeln
pickeln

prickeln
vernickeln
verwickeln
wickeln
→ *-ickel*

-icklung
Entwicklung
Verwicklung

-icken
besticken
blicken
Cliquen
erblicken
erquicken
ersticken
ficken
flicken
klicken
kicken
knicken
nicken
picken
schicken
spicken
sticken
ticken
verquicken
verschicken
verstricken
zerknicken
zwicken
→ *-icke*

-ickert
beschickert
durchgesickert
vermickert
versickert

-icklich
augenblicklich
dicklich
schicklich
unerquicklich

-icks
→ *-ix*

-ickse
fixe
Knikse
Nixe
Schickse
wichse
→ *-ix*/*-icksen*

-icksen
fixen
knicksen

mixen
Nixen
Schicksen
tricksen
verwichsen
wichsen
→ *-ix / -ickse*

-ickung
Erquickung
Verdickung
Verquickung
Verstrickung

-id
→ *-it*

-ide
Druide
Friede
frigide
Invalide
liquide
perfide
Pyramide
rapide
rigide
Schizoide
Schmiede
solide
stupide
→ *-ieden*

-iden
→ *-ieden*

-ie
Akademie
Akribie
Alibi
Amnestie
Anarchie
Anatomie
anno Domini
Batterie
Belami
Bigamie
Bürokratie
Chablis
Chemie
Choreo-
graphie
Clownerie
Demokratie
Deponie
dernier cri
die
Diplomatie
Dramaturgie
Dynastie
Energie
Esprit
Etui
Fantasie
Filzokratie
Fotografie
Galanterie
Galaxie
Galerie
Gendarmerie
Genie
Grand Prix
Halali
Harmonie
hatschi!
Havarie
hie
Hotel garni
Idiotie
irgendwie
Ironie
Jalousie
kikeriki!
Knie
Koketterie
Konfiserie
Kopie
Logis
Lotterie
Magie
Manie
Marquis
Melancholie
Melodie
Menagerie
merci
Monotonie

nie
Nostalgie
on dit
Orangerie
Parodie
Partie
Patisserie
Philharmonie
Philosophie
Pikanterie
Poesie
Potpourri
Prärie
Psi
Publicity
Regie
remis
Rhapsodie
Rotisserie
Schi
Sellerie
Sinfonie
sowie
Strategie
Sympathie
Theorie
Therapie
Travestie
Trilogie
TV
Vieh
vis-à-vis
wie
Zeremonie
Zoologie

-ieb
Betrieb
Dieb
gib!
Hieb
Jeep
lieb
Partizip
piep!
Prinzip
Schrieb
Sieb
Trieb
Vertrieb
→ *-ieben*

-iebe
Geschiebe
Getriebe
Griebe
Liebe
zuliebe
→ *-ieb/-ieben*

-iebel
→ *-ibel*

-ieben
abgerieben
aufgeschrie-
ben
Belieben
beschrieben
betrieben
blieben
durchsieben
durchtrieben
geblieben
gerieben
geschrieben
getrieben
hintertrieben
lieben
schieben
schrieben
sieben
trieben
übertrieben
verblieben
verlieben
verschieben
verschrieben
vertrieben
→ *-ieb*

-ieber
Biber
Fieber
Kaliber
Kassiber
Lieber
Schieber

-iebig (-ich)
beliebig

ergiebig
lieb ich
→ *-ieben*

-iebt
beliebt
geliebt
gesiebt
gibt
heiß geliebt
liebt
verliebt
→ *-eben/-ieben*

-ieche
Grieche
krieche
sieche
→ *-iechen*

-iechen
beriechen
Griechen
kriechen
riechen
siechen
verkriechen

-iecher
Kriecher
Riecher
Viecher

-ieden
befrieden
beschieden
entschieden
Frieden
gemieden
geschieden
mieden
schieden
schmieden
sieden
umfrieden
unentschieden
unterschieden
vermieden
verschieden
zufrieden
→ *-ide*

-ieder
bieder
danieder
Flieder
Gefieder
Glieder
Leader
Mieder
nieder
wider
wieder
zuwider
→ *-it*

-iedern
biedern
erwidern
gliedern

zergliedern
→ *-it*

-iedert
angebiedert
angegliedert
angewidert
eingegliedert
gefiedert
gegliedert
→ *-iedern*

-iedlich
friedlich
niedlich
unterschied-
lich

-iedrig
(-ich)
niedrig
regelwidrig
sittenwidrig
widrig
→ *-iedern*

-ieds
→ *-iz*

-iefe
Briefe
der schiefe
ich hieve
T-/tiefe
→ *-iefen/-iv*

-iefen
beliefen
beriefen
entliefen
entschliefen
hieven
miefen
riefen
schliefen
schniefen
triefen
verbriefen
verliefen
vermiefen
verschliefen
vertiefen
→ *-iefe/-iv*

-iefern
beliefern
liefern

-iefert
abgeliefert
ausgeliefert
geliefert
liefert
überliefert
→ *-iefern*

-ieg
→ *-ik*

-iegbar
besiegbar
biegbar
unbesiegbar
unversiegbar

-iege
Biege
Fliege
Intrige
Liege
Riege
Stiege
Wiege
Ziege
→ *-iegen*

-iegel
Beagle
Eulenspiegel
Igel
Riegel
Siegel
Spiegel
Striegel
Tiegel
Ziegel
→ *-iegeln*

-iegeln
besiegeln
schniegeln
siegeln
spiegeln
striegeln
verriegeln
versiegeln
widerspiegeln
→ *-iegel*

-iegelt
abgeriegelt
besiegelt
entriegelt
entspiegelt
geriegelt
gestriegelt
riegelt
spiegelt
verriegelt
zugeriegelt
→ *-iegeln*

-iegen
abgestiegen
angestiegen
ausgestiegen
bekriegen
besiegen
bestiegen
biegen
eingestiegen
erliegen
fliegen
gediegen
geschwiegen
gestiegen
kriegen
liegen
schmiegen
schwiegen
siegen

stiegen
überfliegen
überwiegen
verbiegen
verschwiegen
versiegen
verstiegen
wiegen
zugestiegen
→ *-iege*

-ieger
Flieger
Krieger
Sieger
Tiger

-iegsam
biegsam
schmiegsam

-iehen
angeschrien
ausgeliehen
beknien
beliehen
beziehen
entfliehen
erziehen
fliehen
gediehen
geliehen
geschrien
knien
schrien
verliehen
verschrien
verziehen
vollziehen
ziehen
→ *-ie*

-ieher
Bezieher
Erzieher
Gewieher
Korkenzieher
Überzieher

-iehung
Beziehung
Erziehung
Hinterziehung
Überziehung

-ieken
die schnieken
kieken
pieken
quieken
→ *-ik / -ike*

-iel
→ *-il*

-iele
agile
Chile
deale
Diele
Schwiele
→ *-ielen / -iel*

-ielen
dealen
Dielen
erzielen
gefielen
schielen
spielen
verfielen
verspielen
zielen
→ *-iele / -il*

-ieler
Dealer
Spieler
→ *-il*

-ielt
ausgespielt
befiehlt
behielt
dealt
empfiehlt
enthielt
er hielt
gespielt
hielt
stiehlt
unterhielt
verhielt
verspielt
→ *-ielen*

-iemen
beamen
geziemen
intimen
Kiemen
mimen
priemen
Riemen
Striemen
ziemen
→ *-ime*

-ienen
Ballerinen
bedienen
beschienen
dienen
erschienen
ihnen
verdienen
verminen
→ *-in / -ine*

-iener
→ *-iner*

-ienern
berlinern
dienern
wienern
→ *-iner*

-ienst
D-/dienst
Gottesdienst

Verdienst
→ *-ienen*

-ient
altgedient
angedient
ausgedient
bedient
dient
gedient
geschient
vermint
→ *-ienen*

-ier
Bier
Brevier
dir
Fakir
Getier
Gier
Harpunier
hier
ihr
Juwelier
Kavalier
Klavier
Kurier
Manier
mir
Offizier
Passagier
Pier
Pionier
Pläsier
Polier
Quartier
Revier
S-/stier
Saphir
Scharnier
schier
Souvenir
Spalier
Tier
Turnier
Vampir
vier
Visier
wir
Zier
→ *-ieren*

-ierbar
akzeptierbar
Bierbar
integrierbar
kalkulierbar
kombinierbar
kontrollierbar
korrigierbar
modifizierbar
realisierbar
regulierbar
strapazierbar
tolerierbar
unverlierbar

-iere
Geziere
Ire
Lire
Niere
Satire
Schliere
Schmiere

-ieren
abonnieren
observieren
addieren
adoptieren
adressieren
agieren
aktivieren
akzeptieren
amüsieren
animieren
annoncieren
anvisieren
applaudieren
arrangieren
ausrangieren
ausstaffieren
avancieren
blamieren
brillieren
debattieren
deklarieren
dekorieren
demonstrieren
dinieren
dirigieren
dividieren
dosieren
dozieren
dramatisieren
dressieren
einstudieren
elektrisieren
emanzipieren
engagieren
examinieren
explodieren
fabrizieren
fabulieren
fantasieren
faszinieren
forcieren
formulieren

fotografieren
frankieren
frieren
fungieren
funktionieren
garnieren
glossieren
gratulieren
gravieren
harmonieren
honorieren
illuminieren
imitieren

imponieren
improvisieren
informieren
installieren
instruieren
inszenieren
integrieren
interessieren
interpretieren
intrigieren
jubilieren
kapieren
kapitulieren
karikieren
kaschieren
kassieren
kokettieren
kombinieren
kommentieren
komplettieren
komplizieren
komponieren
konferieren
konstruieren
konsumieren
kontrollieren
konzentrieren
konzertieren
konzipieren
kostümieren
kreieren
kritisieren
kursieren
lädieren
lamentieren
liieren
marschieren
maskieren
massieren
meditieren
mobilisieren
modellieren
modernisieren
neutralisieren
normalisieren
notieren
nuancieren
nummerieren
offerieren
opponieren
organisieren
orientieren
parfümieren
parodieren
passieren
patentieren
philosophieren
plädieren
plombieren
porträtieren
posieren
prämieren
präsentieren
pressieren
probieren
produzieren
qualifizieren
ramponieren
rasieren
reagieren
rebellieren
recherchieren
reduzieren
regieren
regulieren
renommieren
renovieren
reparieren
repräsentieren
reservieren
respektieren
rezitieren
riskieren
rotieren
sanieren
schmieren
schnabulieren
sensibilisieren
servieren
simulieren
sinnieren
skizzieren
sondieren
sortieren
soufflieren
spazieren
spekulieren
spendieren
spezialisieren
spionieren
studieren
symbolisieren
sympathisieren

synchronisieren
taktieren
tapezieren
tätowieren
telefonieren
telegrafieren
tendieren
thematisieren
tolerieren
torpedieren
trainieren
tranchieren
transportieren
triumphieren
variieren
vegetieren
verlieren
verzieren
vibrieren
visieren
votieren
wattieren
zelebrieren
zementieren
zentrieren
zieren
zitieren
zivilisieren

→ *-ier/-iere*

-ierer
Hausierer
ihrer
Kassierer
Kopierer
Lackierer
Polierer
Programmierer
Randalierer
Rasierer
Sektierer
Tapezierer
Verlierer
Vierer

-ierlich
kontinuierlich
manierlich
possierlich
respektierlich
zierlich

-iert
affektiert
alliiert
ambitioniert
anstolziert
antiquiert
arriviert
autorisiert
beschmiert
blamiert
blasiert
couragiert
dekolletiert
deplatziert
deprimiert
detailliert
disponiert
dressiert
einstudiert
emanzipiert
engagiert
fingiert
fundiert
garantiert
geschmiert
geziert
graduiert
gut situiert
illustriert
indisponiert
introvertiert
isoliert
kariert
koloriert
kompliziert
komprimiert
kultiviert
lädiert
möbliert
motorisiert
pensioniert
pikiert
privilegiert
raffiniert
reflektiert
renommiert
routiniert
saniert
situiert
studiert
tailliert
talentiert
ungeniert
versiert
wohl temperiert
zivilisiert
→ *-ieren*

-ierte
Delegierte
Deputierte
Illustrierte
Prostituierte
→ *-iert*

-iertheit
Affektiertheit
Blasiertheit
Borniertheit
Distanziertheit
Geziertheit
Raffiniertheit
Reserviertheit

-ierung
Aktivierung
Aktualisierung
Alarmierung
Amortisierung
Annullierung
Archivierung
Ausstaffierung
Automatisierung
Blockierung
Brüskierung
Charakterisierung
Deklassierung
Demokratisierung
Diffamierung
Digitalisierung
Distanzierung
Dosierung
Drapierung
Einstudierung
Evakuierung
Finanzierung
Firmierung
Fixierung
Formulierung
Garnierung
Gravierung
Gruppierung
Halbierung
Idealisierung
Identifizierung

Inhaftierung
Inszenierung
Isolierung
Klassifizie-
rung
Klimatisie-
rung
Kodierung
Komplettie-
rung
Konservie-
rung
Koordinie-
rung
Kostümierung
Lackierung
Legierung
Liberalisie-
rung
Moderni-
sierung
Normierung
Optimierung
Orientierung

Parzellierung
Patentierung
Pensionierung
Plakatierung
Platzierung
Prämierung
Privatisierung
Profilierung
Programmie-
rung
Radierung
Radikalisie-
rung
Ratifizierung
Rationierung
Reduzierung
Regierung
Regulierung
Renovierung
Reservierung
Restaurierung
Sanierung
Skizzierung
Sondierung
Stationierung
Stimulierung
Stornierung
Subventio-
nierung
Suspendie-
rung
Tätowierung
Terrassierung
Titulierung
Tolerierung
Uniformie-
rung
Unterminie-
rung
Verklausulie-
rung
Verzierung
Wattierung
Zementierung
Zivilisierung

-ies
Anis
dies
fies
fließ
Fries
Grieß
Kies
lies
mies
ohnedies
Paradies
präzis
Service
Spieß
türkis
überdies
Verlies
Vlies
→ *-iesen*

-iese
→ *-ise*

-iesel
Diesel
Geriesel
Kiesel
Stiesel
W-/wiesel

-ieseln
dieseln
grieseln
kriseln
nieseln
pieseln
rieseln
wieseln
→ *-iesel*

-iesen
abgewiesen
angewiesen
ausgewiesen
bewiesen
bliesen
Devisen
diesen
erwiesen
F-/fliesen
gepriesen
gewiesen
leasen
nachgewiesen
niesen
priesen
vermiesen

-iesig
diesig
hiesig
riesig

-ießen
begießen

beließen
beschließen
Blutvergießen
entschließen
entsprießen
fließen
genießen
gießen
ließen
Preisschießen
Schießen
schließen
sprießen
stießen
verdrießen
verhießen
verließen
verschließen
verstießen
zerfließen
→ *-ice*

-ießer
Beschließer
Genießer
Spießer

-ießig (-ich)
spießig

-ießlich
ausschließlich
einschließlich
ersprießlich
schließlich
verdrießlich

-ießt
→ *-iest*

-ießung
Beschießung
Entschließung
Erschließung
Erschießung
Schließung

-iest
aufgespießt
Biest
fließt
gekiest
geleast
last not least
→ *-iesen*

-ieten
anbieten
berieten
erbieten
gerieten
knieten
M-/mieten
N-/nieten
überbieten
unterbieten
verbieten
vermieten
verrieten
→ *-it*

-ieter
Bieter
Gebieter
Johanniter
Karmeliter
Liter
Mieter
Samariter
Vermieter

-iets
→ *-iz*

-if
→ *-iv*

-iff
Angriff
Begriff
Griff
Inbegriff
Kliff
Kniff
Riff
Schiff
Schliff
Übergriff
Zugriff
→ *-iffen*

-iffen
abgeschliffen
ausgekniffen
ausgepfiffen
begriffen
gegriffen
gekniffen
gepfiffen
geschliffen
inbegriffen
kiffen
pfiffen
schiffen
umschiffen
verpfiffen
zugegriffen
→ *-iff*

-ift
betrifft
Drift
Gift
Lift
Schrift
Stift
trifft
Überschrift
Unterschrift
→ *-iften*

-iften
beschriften
D-/driften
entgiften
giften

liften
schifften
stiften
vergiften
→ *-ift*

-iftung
Beschriftung
Entgiftung
Liftung
Stiftung
Vergiftung

-ik
antik
Aspik
Boutique
Creek
Fabrik
Freak
Krieg
Kritik
Mosaik
Musik
Physik
Pik
Politik
publik
Pyrrhussieg
Replik
Republik
Rubrik
Sieg
Teak
→ *-ieken*

-iek
→ *-ick*

-ike
Antike
ich kieke
Nike
Pike
schnieke
→ *-ieken*

-ikel
Artikel
Aurikel
Partikel
Perpendikel
Vehikel

-ikt
abgezwickt
angeklickt
bespickt
Delikt
Distrikt
geknickt
geschickt
gespickt
gestrickt
Konflikt
Konvikt
Relikt
strikt
verdickt
Verdikt
verzwickt

-il
agil
Automobil
Deal
debil
diffizil
Domizil
Exil
Fossil
grazil
homophil
indebil
infantil
Jugendstil
Kiel
Konzil
Krokodil
labil
mobil
Nil
Profil
Projektil
Reptil
Seal
senil
Sexappeal
skurril
soviel
Spiel
stabil
steril
Stiel
Stil
subtil
textil
Trauerspiel
Ventil
viel
Vinyl
Virgil
wieviel
Z-/zivil
Ziel

-ilde
Bilde
Gebilde
Gefilde
Gilde
im Bilde
M-/milde
W-/wilde
→ *-ilt*

-ildern
bebildern
beschildern
mildern
schildern
verwildern
wildern
→ *-ilt*

-ildet
gebildet
verbildet

-ildnis
Bildnis
Wildnis

-ile
→ *-iele*

-ilf
hilf!
Schilf

-ilfe
Gehilfe
Hilfe

-ilie
Familie
Immobilie
Lilie
Petersilie

-ill
April
Dill
Drill
Goodwill
Grill
ich will
Mandrill
schrill
still
Twill
→ *-illen*

-illa
Chinchilla
Gorilla
Villa

-ille
Bazille
Brille
Destille
Grabesstille
Grille
Kamille
kille-kille!
Pille
Postille
Promille
Pupille
Rille
schrille
Stille
Vanille
Wille
Zwille
→ *-ill / -illen*

-ille = -ije
Flotille
Mantille
Quadrille
Vanille

-illen
Antillen
Bazillen
drillen
grillen
killen
schrillen
stillen
Villen
Wiederwillen
Willen
→ *-ill / -ille*

-iller
Killer
schriller
stiller
Thriller
T-/triller

-illig (-ich)
billig
Drillich
eigenwillig
unfreiwillig
willig
Zwillich
→ *-illen*

-ilt
bebrillt
Bild
Ebenbild
gewillt
Kilt
mild
quillt
Quilt
Schild
schwillt
W-/wild

-ilz
Filz
Milz
Pilz

-im
Centime
ihm
intim
legitim
maritim
Regime
sublim
Team
→ *-iemen*

-im
→ *-imm*

-ime
ich beame
Maxime
Mime
Muslime
Pantomime

Septime
Strieme
→ *-iemen*

-imm
Benimm
Grimm
Klimbim
nimm!
schlimm
simsalabim!
vernimm!

-immel
Bimmel
Fimmel
Gebimmel
Himmel
Pimmel
Schimmel
→ *-immeln*

-immeln
anhimmeln
bimmeln
himmeln
schimmeln
verschimmeln
wimmeln
→ *-immel*

-immen
bestimmen
ergrimmen
erklimmen

glimmen
schlimmen
schwimmen
stimmen
trimmen
verglimmen
verschwimmen
verstimmen
vertrimmen

-immer
ein schlimmer
Geflimmer
Gewimmer
Glimmer
immer
nimmer
Schimmer
Schwimmer
Zimmer
→ *-immern*

-immern
flimmern
glimmern
schimmern
verschlimmern
wimmern
zimmern
→ *-immer*

-immig (-ich)
bestimm ich
grimmig
stimmig
→ *-immen*

-immt
abgestimmt
bestimmt
getrimmt
überstimmt
unbestimmt
Zimt
→ *-immen*

-immung
Bestimmung
Stimmung
Verstimmung

-impel
Gimpel
simpel
Wimpel

-impern
klimpern
Wimpern

-in = Alpin
Adrenalin
Aquamarin
Baldachin
Benzin
clean
Delphin
DIN
Dioxin
Disziplin
Doktrin
Evergreen
feminin
gediehn
geliehn
geschrien
gespien
Glyzerin
Green
Harlekin
Heroin
ihn
Jasmin
Kamin
Koffein
Kokain
Magazin
Mandarin
maskulin
Medizin
Mousseline
Muezzin
Nikotin
Pinguin
Popeline

Queen
Rosmarin
Rubin
Ruin
Saccharin
schien
Spleen
Termin
Trampolin
Travertin
Turmalin
Ultramarin
verschrien
Vitamin
Zeppelin

-in = Beginn
Bäuerin
Beschützerin
Besitzerin
Besucherin
Betreuerin
Bettlerin
Bewunderin
Buhlerin
Bürgerin
Büßerin
Cutterin
dahin
darin
Designerin
Dichterin
Doppelsinn
Eigensinn
Erzählerin
Erzieherin
Eselin
Fahrerin
Forscherin
Gammlerin
Gebieterin
Gewinn
Gewinnerin
Gin
Go-in
Helferin
Herrscherin
Heuchlerin
hin
Hüterin
ich bin
immerhin
in
Inn
Kinn
Klägerin
Königin
Künstlerin
Kupplerin
Lehrerin
Leserin
Lügnerin
Malerin
Meisterin
Mieterin
Ministerin
mithin
Partnerin
Pflegerin
Pförtnerin
Pfuscherin
Radlerin
Rednerin
Reiterin
Sammlerin
Sängerin
Säuferin
Schaffnerin
Schneiderin
Seherin
Sennerin
Serviererin
Siegerin
Sinn
Sit-in
Spenderin
Spielerin
Sportlerin
Sprecherin
Stripperin
Sultanin
Sünderin
Tänzerin
Täterin
Teach-in
Tigerin
Trägerin
Träumerin
Trödlerin
Verehrerin
Verfasserin
Verführerin
Verlegerin
Vermieterin
Vermittlerin
Vertreterin
vorhin
Widersinn
Wöchnerin
wohin
worin
Zauberin
Zeichnerin
Zigeunerin
Zinn
→ *-innen*

-in = Cousin
Bassin
Bohemien
Bulletin
Gobelin
Kretin
Mannequin
Refrain
Satin
Souterrain
Teint
Terrain

-ina
Angina
Ballerina
Berolina
Bukowina
China
Okarina
Palästina
Retsina
Signorina

-ind
→ *-int*

-indbar
überwindbar
unauffindbar

-inde
Augenbinde
Binde
Blinde
Gebinde
gelinde
Gesinde
Gewinde
Linde
Rinde
Winde
→ *-inden*

-indel
Gesindel
Schindel
S-/schwindel
Spindel
Windel
→ *-indeln*

-indeln
schindeln
schwindeln
windeln
→ *-indel*

-inden
befinden
binden
empfinden
entbinden
entrinden
erblinden
erfinden
finden
schinden
schwinden
überwinden
verschwinden
winden
→ *-inde / -int*

-inder
Besenbinder
Binder
Erfinder
minder
Schinder
Zylinder
→ *-indern*

-indern
behindern
hindern
lindern
mindern
verhindern
vermindern

-indheit
Blindheit
Kindheit

-indlich
empfindlich
kindlich
unerfindlich
unüberwind-
lich
unverbindlich
verbindlich

-indung
Bindung
Empfindung
Entbindung
Erblindung
Erfindung
Findung
Überwindung
Verbindung
Windung

-ine
Apfelsine
Aubergine
Beduine
Biene
Blondine
Brillantine
Cousine
diene
Gardine
Gelatine
Guillotine
Kabine
Kantine
Lawine
Limousine
Mandarine
Mandoline
Margarine
Marine
Maschine
Miene/Mine
Nektarine
Pelerine
Praline
Routine
Ruine
Saline
Sardine
Schiene
Serpentine
Sonatine
Terrine
Turbine
Undine
Violine
Vitrine
Zechine
→ *-ienen*

-inen
→ *-ienen*

-iner
Alpiner
Bernhardiner
Dalmatiner
Debreziner
Diener
Florentiner
Gutverdiener
Karabiner
Levantiner
Mariner
Mediziner
Rabbiner
Schlawiner
Traminer
Verdiener
→ *-in*

-ing
Abkömmling
Anlernling
Ding
Ehrgeizling
Emporkömmling
Engerling
gering
King
klingeling!
Kohlweißling
Kümmerling
Nachkömmling
Pfifferling
Ring
Schmetterling
Schreiberling
Sonderling
Swing
Widerling
→ *-ingen*

-ingbar
bezwingbar
unabdingbar
unbezwingbar
undurchdringbar

-inge
Gesinge
Klinge
Schlinge
singe
Zwinge
→ *-ing / -ingen*

-ingel
Geklingel
Klingel
Kringel
Schlingel
Single
→ *-ingeln*

-ingeln
klingeln
kringeln
ringeln
tingeln
umzingeln
→ *-ingel*

-ingen
ausbedingen
bedingen
begingen
beringen
beschwingen
besingen
bezwingen
bringen
dringen
empfingen
entgingen
erklingen
erringen
erzwingen
fingen
gelingen
geringen
gingen
misslingen
niederzwingen
ringen
schlingen
singen
springen
swingen
übergingen
umringen
umschlingen
verdingen
verfingen
verklingen
verschlingen
vollbringen
wringen
zerspringen
zwingen
→ *-inge*

-ingend
bezwingend
dringend
händeringend
zwingend
→ *-ingen*

-inger
Bezwinger
Dinger
F-/finger
geringer
Meistersinger
Ringer
Schwinger
Springer
Swinger
Überbringer
Zwinger

-inglich
dinglich
dringlich
erschwinglich
unabdinglich
unbezwinglich
undurchdring-
lich
unerschwing-
lich
unwieder-
bringlich

-ingo
Bingo
Dingo
Flamingo
Gringo

-ings
allerdings
Dings
neuerdings
rings
schlechter-
dings
→ *-ing/-ingen*

-ingsten
am geringsten
Pfingsten

-ingt
bedingt
beringt
beschwingt
geswingt
unbedingt
→ *-ingen*

-ingung
Bedingung
Schwingung
Umschlingung
Unterbring-
ung
Verschlingung

-ini
Bikini
Martini
Tortellini
Zucchini

-inie
Gloxinie
Glyzinie
Linie
Pinie
Robinie

-inien
Abessinien
Argentinien
Sardinien
→ *-inie*

-inisch
cherubinisch
klinisch
levantinisch
medizinisch
sibyllinisch
wilhelminisch

-ink
Drink
Fink
flink
link
pink
Wink
Zink
→ *-inken*

-inke
flinke
Klinke
L-/linke
Pinkepinke
Schminke
Winke-winke!
Zinke
→ *-inken*

-inken
blinken
ertrinken
hinken
linken
Schinken
schminken
sinken
stinken
trinken
versinken
winken
zinken
→ *-ink/-inke*

-inker
Blinker
flinker
Gezwinker
Klinker
Stinker
Trinker
→ *-ink*

-inkt
eingeklinkt
geklinkt
gelinkt
geschminkt
Instinkt
ungeschminkt
→ *-inken*

-inn
→ *-in*

-inne
beginne

Minne
Pinne
Rinne
Spinne
Zinne
→ *-innen*

-innen
beginnen
besinnen
binnen
drinnen
entrinnen
entsinnen
ersinnen
Finnen
gewinnen
Linnen
pinnen
rinnen
sinnen
spinnen
zerrinnen
→ *-in*/*-inne*

-inner
Dinner
erinner
Gewinner
Spinner

-innig (-ich)
beginn ich
bin ich
hintersinnig
innig
sinnig
→ *-innen*

-innung
Besinnung
Gerinnung
Gewinnung
Innung

-ino
Albino
Bambino
Cappuccino
Concertino
Kasino
Kino
Maraschino
Pianino

-inse
Binse
Gegrinse
grinse
Linse
Plinse
verzinse

-insel
Gepinsel
Gerinnsel
Gewinsel
Insel
P-/pinsel
rinnsel

-insen
Binsen
grinsen
verzinsen
zinsen
→ *-inse*

-inst
beginnst
Gespinst
grinst
verzinst
→ *-innen*

-inster
finster
Ginster

-int
Absinth
beginnt
blind
Forint
geschwind
gesinnt
Kind
Labyrinth
lind
Pint
Reprint
Rind
sind
Sorgenkind
Spind
Splint
Sprint
Stint
Wind
wohlgesinnt

-inte
Finte
Flinte
Hyazinthe
Pinte
Printe
Quinte
Tinte

-inten
dahinten
Finten
hinten
sprinten
→ *-inte*

-inter
dahinter
hinter
Sprinter
Winter
→ *-int*

-intern
Hintern
überwintern

-inz
froh beginnt's
Pfefferminz

Prinz
Provinz

-io
addio!
Bio
con brio
Trio

-ip = Chip
Clip
Comicstrip
Dip
Flip
Slip
Tipp
Trip
VIP
→ *-ippen*

-ipfel
Gipfel
Kipfel
Wipfel
Zipfel

-ippe
dippe
Gerippe
Grippe
Hippe
Kippe
Klippe
Krippe
Lippe
Rippe
S-/strippe
Schippe
Schrippe
Sippe
W-/wippe
Xanthippe
→ *-ippen*

-ippel
Gekippel
Nippel
Schnippel
→ *-ippeln*

-ippeln
kippeln
schnippeln
tippeln
trippeln

-ippen
dippen
kippen
nippen
schippen
schwippen
stippen
tippen
wippen
→ *-ippe*

-ipper
Clipper
F-/flipper
Klipper
S-/schipper
Skipper
Stripper
Tipper
Tripper
Wipper

-ippt
abgetippt
ausgeflippt
gekippt
gerippt
getippt
Manuskript
umgekippt
versippt
→ *-ippen*

-ips
Chips
Gips
Grips
Pieps
Rips
Schlips
Schwips
Ships
Stips

-irbel
W-/wirbel
Zirbel

-irbeln
W-/wirbeln
Zirbeln
zwirbeln

-irbs
erwirb's!
Knirps
verdirb's!

-irgend
irgend
nirgend

-irisch
empirisch
satirisch
sibirisch
tierisch

-irken
bewirken
erwirken
verwirken
wirken

-irkt
durchwirkt
er wirkt
gewirkt
golddurch-
wirkt
verwirkt
→ *-irken*

-irm
firm
Schirm

-irn
Dirn
Firn
Gehirn
Gestirn
Stirn
Zwirn

-irne
Birne
Dirne
Gestirne
Stirne

-irnt
bestirnt
gezwirnt

-irr
Geklirr
Geschirr
Geschwirr
Gewirr
klirr
wirr
→ *-irren*

-irre
entwirre
Geklirre
I-/irre
kirre
wirre
→ *-irren*

-irren
entwirrren
flirren
girren
irren
klirren
schirren
schwirren
umschwirren
verirren
verwirrren
Wirren
→ *-irre*

-irrt
abgeschwirrt
angeschirrt
ausgeschirrt
entwirrt
umschwirrt
unbeirrt
verwirrt

wird
Wirt
→ *-irren*

-irrung
Entwirrung
Verwirrung

-irsch
Hirsch
Kirsch
knirsch
Pirsch

-irt
→ *-irrt*

-irte
bewirte
entwirrte
Hirte
verwirrte
Wirte
→ *-irren*

-is
→ *-ies*

-is
Ärgernis
bis
Biss
Bitternis
Düsternis
Erfordernis
Finsternis
friss!
Gebiss
gewiss
Hindernis
Kompromiss
Miss
Narziss
Quiz
Riss
Schiss
Schmiss
→ *-issen*

-isch
betrügerisch
erfinderisch
Fisch
frisch
gebieterisch
Gemisch
heuchlerisch
künstlerisch
malerisch
mörderisch
prahlerisch
Quiche
räuberisch
schmeichle-
risch
Tisch

trügerisch
verführerisch
verräterisch
wählerisch
Wisch
→ *-ischen*

-ische
bei Tische
entwische
Fische
Frische
Sommer-
frische

-ischen
dazwischen
entwischen
erfrischen
erwischen
fischen
inzwischen
mischen
wischen
zischen
zwischen
→ *-isch*

-ischer
Fischer
Mischer
Scheiben-
wischer
Wischer

-ischt
aufgetischt
drischt
erlischt
gemischt
Gischt
verdrischt
verlischt
→ *-ischen*

-ischung
Erfrischung
Mischung

-ise
Biese
Brise
Devise
diese
Expertise
Fliese
Franchise
Krise
Markise (qu)
präzise
Prise
Remise
Reprise
Riese
Wiese
→ *-ies/-iesen*

-isk
Basilisk
Compact Disc
Obelisk

-iskus
Diskus
Fiskus
Hibiskus
Meniskus

-isma
Prisma
Schisma

-ismus
Alkoholismus
Anachronis-
mus
Anarchismus
Aphorismus
Buddhismus
Egoismus
Fanatismus
Formalismus
Idealismus
Journalismus
Katechismus
Katholizismus
Magnetismus
Mechanismus
Mystizismus
Naturalismus
Nudismus
Optimismus
Patriotismus
Pazifismus
Pessimismus
Realismus
Rheumatis-
mus
Sadismus
Snobismus
Sozialismus
Surrealismus
Terrorismus
Vandalismus
Zynismus

-ispeln
knispeln
lispeln
Mispeln

-isse
gewisse
Hornisse
Kulisse
Melisse
Narzisse
Pisse
Prämisse
→ *-issen*

-issen
angeschissen

aufgerissen
beflissen
beschissen
bissen
eingerissen
Gebiss
gebissen
gerissen
geschmissen
G-/gewissen
hingeschmis-
sen
hissen
Kissen
Leckerbissen
missen
pissen
Ruhekissen
schissen
schmissen
umrissen
verbissen
vermissen
verpissen
verrissen
verschlissen
W-/wissen
zerrissen
zerschlissen
zerschmissen
→ *-iss / -isse*

-issig (-ich)
biss ich
bissig
rissig
schmissig
→ *-issen*

-issin
Äbtissin
Diakonissin

-isslich
gewisslich
misslich

-ist
Aktivist
Alchimist
Alpinist
Amethyst
Anarchist
Artist
Atheist
Autist
Bassist
Batist
Bigamist
Buddhist
Cellist
Chauvinist
Christ
Chronist
Dentist
du bist
Egoist
er ist
Expressionist
Fatalist
Fetischist
Finalist
Frist
Fundamen-
talist
Futurist
Galgenfrist
Germanist
Gnadenfrist
Humanist
Humorist
Idealist
Individualist
Internist
Journalist
Jurist
Kabarettist
Karikaturist
Komponist
Kriminalist
List
Lobbyist
Marxist
Maschinist
Masochist
Materialist
Militarist
Mist
Moralist
Narzisst
Nationalist
Naturalist
Opportunist
Optimist
Pazifist

Perfektionist
Pessimist
Pianist
Polizist
Publizist
Purist
Rassist
Rationalist
Realist
Reservist
Sadist
Sexist
Solist
Sozialist
Spezialist
Spiritist
Statist
Stylist
Terrorist
Tourist
trist
Twist
vermisst
Visagist
Whist
Widerrist
Zivilist
Zwist
→ *-isten*

-iste
befriste
hisste
Kiste
Liste
Piste
triste
vermisste
→ *-isten*

-istel
Distel
Epistel
Fistel
Mistel

-isten
befristen
fristen
misten
nisten
twisten
überlisten
vermissten

-ister
Geknister
Geschwister
Kanister
Magister
Minister
Mister
Philister
Register

-istik
Anglistik
Artistik
Ballistik
Belletristik
Charakteristik
Germanistik
Journalistik
Kriminalistik
Logistik
Publizistik
Realistik
Statistik
Stilistik
Touristik

-istin
Aktivistin
Artistin
Egoistin
Feministin
Floristin
Galeristin
Germanistin
Journalistin
Modistin
Narzisstin
Nudistin
Optimistin
Pazifistin
Pessimistin
Polizistin
Prokuristin
Propagan-
distin
Solistin
Sopranistin
Statistin
Visagistin
→ *-ist*

-istisch
anachronis-
tisch
aphoristisch
ballistisch
charakteris-
tisch
feministisch
feudalistisch
feuilletonis-
tisch
futuristisch
konformis-
tisch
modernistisch
monopolis-
tisch
narzisstisch
populistisch
propagandis-
tisch
sexistisch
snobistisch
statistisch
voyeuristisch
zentralistisch
→ *-ist*

-it
anthrazit
Antisemit
Appetit
Aquavit
Bakelit
Bandit
Bindeglied
er sieht
Eremit
es geschieht
exquisit
faschistoid
Favorit
Feet
frigit
Gebiet
Genozid
Glied
Granit
Graphit
invalid
Israelit
Jesuit
Kolorit
Konvertit
Kosmopolit
Kredit

Lied
Malachit
Meteorit
morbid
negroid
paranoid
Parasit
perfid
Profit
Ränkeschmied
Requisit
Ried
Satellit
Schmied
Semit
solid
splendid
Störenfried
stupid
Suizid
Transit
Transvestit
Tweed
Unterschied
Zenit
Zyanid

-it
→ *-itt*

-ita
Dolce vita
Pepita
Sangrita
Señorita

-ite
Aphrodite
biete
Brite
Elite
gebiete
Margerite
Miete
Niete
Rendite
Requisite
Suite
Visite
→ *-ieten*

-iti
City
Graffiti
Haiti
Intercity

-itin
Antisemitin
Britin
Favoritin
Israelitin
Karmelitin
Konvertitin
Semitin
→ *-it*

-itis
Arthritis
Bronchitis
Gastritis
Hepatitis
Meningitis
Rachitis
Telefonitis
Zellulitis

-itisch
britisch
kritisch
politisch

-ito
dito
Graffito
Moskito

-itor
Editor
Inqusitor
Konditor
Korrepetitor

-itschen
glitschen
klitschen
Pritschen
verkitschen

-itschig (-ich)
glitschig
kitschig
→ *-itschen*

-itt
Bananensplit
Bit
damit
Defizit
fit
Heraklit
Hit
igitt!
Kitt
mit
Pommes frites
quitt
Ritt
Sanskrit
Schnitt
Schritt
somit
Split
Sprit
Transit
Tritt
Verschnitt
zu dritt
→ *-itten*

-itte
B-/bitte
der dritte

Mitte
Quitte
Schnitte
Sitte
Titte
→ *-itt/-itten*

-ittel
Drittel
Gegenmittel
Kapitel
Kittel
Mittel
→ *-itteln*

-itteln
bekritteln
betiteln
dritteln
ermitteln
übermitteln
vermitteln
→ *-ittel*

-ittelt
gedrittelt
minderbemit-
telt
unbemittelt
unvermittelt
→ *-itteln*

-itten
abgeschnitten
ausgeglitten
ausgeritten
babysitten
bestritten
bitten
eingeschritten
entglitten
erbitten
Fritten
geglitten
geritten
geschnitten
geschritten
gestritten
glitten
inmitten
kitten
mitten
Schlitten
splitten
stritten
umstritten
unbestritten
unumstritten
verbitten
verkitten
verschnitten
wohlgelitten
zerschnitten
zugeschnitten
→ *-itte*

-itter
Babysitter
bitter
dritter

Flitter
Geknitter
Gewitter
Gitter
Ritter
Splitter
Zither
Zwitter
→ *-ittern*

-ittern
flittern
gewittern
knittern
schlittern
splittern
umgittern
verbittern
vergittern
verwittern
wittern
zerknittern
zersplittern
zittern
→ *-itter*

-ittert
geschlittert
hineingeschlit-
tert
umgittert
umwittert
vergittert
verwittert
zerknittert
zersplittert
→ *-ittern*

-ittet
bittet
gesittet
verkittet
→ *-itten*

-ittig (-ich)
bitt ich
Fittich
mittig
schnittig
Sittich
strittig
→ *-itten*

-ittler
Mittler
Vermittler

-ittlich
appetitlich
sittlich
unerbittlich

-ittung
Gesittung
Quittung

-itz
B-/besitz
Blitz
Kitz
S-/spitz
Schlitz
Schnitz
Sitz
Slibowitz
Witz
→ *-itzen*

-itze
Berberitze
besitze
Haubitze
Hitze
Lakritze
Litze
Matrize
Ritze
S-/schwitze
S-/spitze
S-/spritze
Skizze
Zitze
→ *-itz* / *-itzen*

-itzel
Fitzel
Gekitzel
Gekritzel
Gewitzel
Kitzel
Schnitzel
Spitzel
→ *-itzeln*

-itzeln
bespitzeln
kitzeln
kritzeln
schnitzeln
witzeln
→ *-itzel*

-itzen
besitzen
blitzen
erhitzen
flitzen
ritzen
schlitzen
schnitzen

schwitzen
sitzen
spitzen
spritzen
stibitzen
überspitzen
verschwitzen
verspritzen
→ *-itz* / *-itze*

-itzer
Besitzer
Flitzer
Glitzer
Schnitzer
Spitzer
Spritzer

-itzig (-ich)
aberwitzig
besitz ich
hitzig
schwitzig
spritzig
witzig
→ *-itzen*

-itzt
abgeblitzt
abgespritzt
angeflitzt
aufgeschlitzt
erhitzt
geblitzt
geritzt
geschlitzt
geschnitzt
gespitzt
gewitzt
stibitzt
überhitzt
überspitzt
verschmitzt
zugespitzt
→ *-itzen*

-itzung
Besitzung
Erhitzung
Sitzung
Überhitzung
Überspitzung

-iv
Additiv
Adjektiv
aggressiv
aktiv
alternativ
Aperitif
Archiv
attraktiv
Brief
Corned Beef
defensiv
definitiv
dekorativ
depressiv
Detektiv
Diapositiv
effektiv
exklusiv
explosiv
exzessiv
fakultativ
fiktiv
föderativ
impulsiv
informativ
inklusiv
innovativ

instinktiv
intensiv
intuitiv
kollektiv
konservativ
konstruktiv
kooperativ
kreativ
lukrativ
massiv
Mief
Motiv
naiv
N-/negativ
O-/objektiv
offensiv
oliv
P-/positiv
passiv
primitiv
produktiv
progressiv
qualitativ
relativ
restriktiv
Rezitativ
schief
spekulativ
suggestiv
sukzessiv
Superlativ
T-/tief
Tarif
ultimativ
→ *-iefen*

-ive
Alternative
Defensive
Initiative
Lokomotive
Offensive
Olive
Perspektive
→ *-iv*

-ix
Augenblicks
Btx
fix
Knicks
Kruzifix
nix
→ *-ick / -icksen*

-ixt
blickst
fixt
gefixt
gemixt
gewichst
verflixt
→ *-icken / -icksen*

-iz
Benefiz
Frontispiz
geschieht's
Hospiz
Indiz
Justiz
Kiez
Miliz
Notiz

-ize
Komplize
Mestize
Mieze
Novize
Vize

-izien
die Uffizien
Exerzitien
Galizien
Indizien
Offizien
Phönizien
→ *-iz*

-izin
Komplizin
Mestizin
Novizin

-O

-o
& Co.
anderswo
apropos!
Art déco
Bistro
Bonmot
Bordeaux
Bungalow
Büro
Cembalo
Chapeau
cheerio!
comme il faut
Depot
Diabolo
Dynamo
Eskimo
Figaro
Floh
fortissimo
froh
hallo!
horrido!
inkognito
irgendwo
k. o.
Kabrio
Kimono
Klo
lebensfroh
Libero
Libido
lichterloh
nirgendwo
Niveau
Numero
oh!/oho!
Oregano
Pierrot
Pikkolo
Po
Radio
Rechaud
Risiko
roh
Rokoko
Rollo
Show
Stereo
stop and go
Stroh
Studio
Szenario
Tableau
Taekwondo
Tokio
Tremolo
Trikot
Vertiko
Video
Waterloo
Zampano
Zenturio
Zoo
→ *-ohen*

-oa
boa
Federboa
Samoa

-obben
bobben
jobben
mobben
R-/robben

-obby
Bobby
Hobby
Lobby

-obe
Garderobe
gelobe
Getobe
grobe
Lobe
Mikrobe
Probe
Robe
→ *-oben*

-obel
H-/hobel
nobel
Tobel
Zobel

-obeln
hobeln
knobeln
nobeln
→ *-obel*

-obelt
abgehobelt
ausgeknobelt
gehobelt
ungehobelt
→ *-obeln*

-oben
abgehoben
abgeschoben
angeschoben
aufgehoben
die groben
droben
erhoben
erproben
gehoben
geloben
geschoben
Globen
kieloben
Kloben
Koben
loben
oben
P-/proben
stoben
toben
verloben
verschoben
verschroben

verwoben
zerstoben
→ *-obe*

-ober
erober
Kober
Ober
Oktober
Schober
Zinnober

-oberst
eroberst
Oberst
zuoberst

-obst
Dörrobst
du gelobst
Jobst
Obst
Propst
→ *-oben*

-obt
ausgetobt
erprobt
gelobt
geprobt
getobt
hochgelobt
rumgetobt
verlobt
→ *-oben*

-obung
Erprobung
Verlobung

-och
doch
Gepoch
jedoch
Joch
K-/koch
Loch
noch
och!
→ *-ochen*

-oche
Epoche
Gepoche
koche
Woche
→ *-ochen*

-ochen
angebrochen
angekrochen
ausgestochen
bekochen
berochen
besprochen
bestochen
eingebrochen
entsprochen
Epochen
erstochen
gebrochen
gekrochen
gerochen
gesprochen
gestochen
Knochen
kochen
krochen
lochen
pochen
Rochen
sprochen
ungebrochen
unterbrochen
unterjochen
verbrochen
vorgesprochen
Wochen
zerbrochen

-ocht
abgekocht
ausgekocht
Docht
gekocht
gelocht
gemocht
mocht
ungekocht
unterjocht
vermocht
→ *-ochen / -ochten*

-ochten
flochten
fochten
geflochten
gefochten
mochten
verflochten
verfochten
vermochten
→ *-ochen / -ocht*

-ock
B-/barock
Belle Epoque
Block
Bock
en bloc
five o clock
Fock
Hot Dog
Lok
Pflock
Rock
Rosenstock
Schmock
Schock
Smog
Stock
Sündenbock

Tarock
Wok
→ *-ocken*

-ocke
Artischocke
Flocke
Glocke
Hocke
Kokke
Locke
Nocke
Socke
→ *-ocken*

-ockel
Gockel
Jockel
Monokel
Sockel

-ocken
blocken
bocken
B-/brocken
docken
erschrocken
frohlocken
hocken
locken
rocken
schocken
stocken
tarocken
trocken
verbocken
verlocken
zocken
→ *-ocke*

-ocker
barocker
Hocker
locker
Ocker
Rocker
Schocker
Soccer
Stubenhocker
Zocker

-ockig (-ich)
bockig
flockig
lockig
pockig
stockig
→ *-ocken*

-ockt
abgezockt
angedockt
aufgebockt
aufgedockt
aufgestockt
eingebrockt
gelockt
verschmockt
verstockt
→ *-ocken*

-ode
Antipode
Diode
Elektrode
Episode
Kommode
marode
Methode
Mode
Ode
Pagode
Periode
Synode

-odeln
brodeln
jodeln
modeln
rodeln

-odelt
brodelt
gebrodelt
umgemodelt
→ *-odeln*

-odem
Brodem
Modem
Odem

-oden
Boden
Hoden
Loden

maroden
roden
→ *-ode*

-oder
Geloder
kommoder
loder
maroder
O-/oder

-odern
lodern
modern
vermodern

-odik
Melodik
Methodik

-odisch
episodisch
melodisch
methodisch
modisch
periodisch

-o-e
→ *-ohe*

-ö
adieu!
Bö
Cordon bleu
Milieu
Monsieur
Pas de deux
peu à peu
Pot-au-feu
Queue

-öbel
Möbel
Pöbel

-öbeln
pöbeln
vermöbeln

-öber
Gestöber
gröber
S-/stöber
Schnee-
gestöber
→ *-öbern*

-öbern
durchstöbern
stöbern
vergröbern

-öblich
gröblich
löblich

-öchel
Geröchel
Knöchel
köchel
röchel

-öcheln
köcheln
R-/röcheln

-öcher
Köcher
L-/löcher
noch und
nöcher

-öd
blöd
erhöht
öd
→ *-öten*

-öde
blöde
Ö-/öde
schnöde
spröde
Tragöde
verblöde

-ödel
Aschenbrödel
Blödel
Geblödel
Knödel
Trödel

-öden
sich entblöden
verblöden
veröden
→ *-öde*

-öder
ein blöder
Köder
→ *-öde*

-ödheit
Blödheit
Ödheit
Schnödheit
Sprödheit

-ögen
Bögen
mögen
Unvermögen
Vermögen

-öhe
erhöhe
Flöhe
Höhe
→ *-öhen*

-öhen
die Höhen
entflöhen
erhöhen

-öle
Gegröle
Genöle
gröle
Höhle
Öle
Töle
→ *-ölen*

-ölen
grölen
H-/höhlen
nölen
ölen

-öller
Böller
Söller

-ölt
ausgehöhlt
eingeölt
gegrölt
grölt
→ *-ölen*

-ön
Föhn
Gedröhn
Geklön

Gestöhn
Getön
obszön
schön
wunderschön
→ *-öhen / -önen*

-öne
dröhne
Gedröhne
obszöne
Söhne
Töne
→ *-ön / -önen*

-önen
dröhnen
entwöhnen
föhnen
frönen
gewöhnen
höhnen
klönen
krönen
löhnen
schönen
stöhnen
tönen
übertönen
verhöhnen
verschönen
versöhnen
verwöhnen

-öner
obszöner
schöner
Tagelöhner
verschöner

-önlich
gewöhnlich
persönlich
ungewöhnlich
unversöhnlich
versöhnlich

-önnen
gönnen
K-/können
vergönnen

-önt
abgewöhnt
angewöhnt
gedröhnt
gekrönt
geschönt
preisgekrönt
verpönt
verwöhnt
vollgedröhnt
→ *-öhnen*

-önung
Dröhnung
Entwöhnung
Gewöhnung
Krönung
Löhnung
Tönung
Verhöhnung
Versöhnung

-öpfen
erschöpfen
knöpfen
köpfen
kröpfen
schöpfen
schröpfen
→ *-opf*

-öpfer
Schöpfer
Schröpfer
Töpfer
töpfer

-öpft
abgeschöpft
ausgeschöpft
erschöpft
geköpft
geknöpft
gekröpft
vorgeknöpft
zugeknöpft
→ *-öpfen*

-öpfung
Erschöpfung
Knöpfung
Köpfung
Schröpfung
Verkröpfung

-ör
Akteur
Amateur
Animateur
Arrangeur
Charmeur
Chauffeur
Cœur
Coiffeur
Couleur
Flaneur
Frisör
Gehör
Gör
Gouverneur
Hypnotiseur
Importeur
Ingenieur
Inspekteur
Interieur
Jongleur
Kontrolleur
Likör
Malheur
Masseur
Monteur
Nadelöhr
Öhr

Redakteur
Regisseur
Saboteur
Sir
Souffleur
Stör
Stuckateur
Verhör
Voyeur
Zubehör
→ *-ören*

-öre
betöre
Chöre
Föhre
Göre
Möhre
Öre
Röhre
→ *-ör/-ören*

-ören
beschwören
betören
dazugehören
empören
entstören
erhören
gehören
röhren
schwören
stören
überhören
verhören
verschwören
zerstören
→ *-ör/-öre*

-örend
beschwörend
betörend
empörend
störend
→ *-ören*

-örer
Hörer
Ruhestörer
Störer
Verschwörer
Zerstörer

-örig (-ich)
angehörig
doppelchörig
gehörig
hörig
ungehöhrig
zugehöhrig
→ *-ören*

-örner
Hörner
Körner

-örrt
ausgedörrt
dörrt
Flirt
gedörrt
Shirt

-ört
angehört
betört
empört
gestört
hört hört!
überhört
unerhört
ungehört
ungestört
zerstört
→ *-ören*

-örtlich
örtlich
wörtlich

-örung
Beschwörung
Betörung
Empörung
Entstörung
Störung
Verschwörung

-ös
amourös
bös
deliziös
Erlös
graziös
kapriziös
luxuriös
melodiös
monströs
nebulös
nervös
ominös
pompös
porös
religiös
ruinös
schikanös
seriös
skandalös
strapaziös
tendenziös
voluminös
→ *-ösen*

-öse
amouröse
Balletteuse
böse
Coiffeuse
Diseuse
Dompteuse
döse
Erlöse
Friseuse

Friteuse
Getöse
Masseuse
Öse
→ *-ös / -ösen*

-ösen
amourösen
dösen
erlösen
lösen
→ *-ös / -öse*

-öße
Blöße
entblöße
F-/flöße
Größe
→ *-ös*

-ößer
Flößer
größer
Stößer

-öst
abgelöst
aufgelöst
döst
eingeflößt
eingelöst
entblößt
flößt
gelöst
ungelöst
→ *-ösen*

-öster
abgelöster
gelöster
G-/größter
Klöster
Röster
Tröster
→ *-öst*

-östlich
köstlich
östlich

-öt
→ *-öd*

-öte
Flöte
Kröte
Morgenröte
Nöte
Röte
Tröte
→ *-öten*

-öten
erhöhten
erröten
flöten
löten
röten
töten
vonnöten
→ *-öte*

-ötet
flötet
geflötet
gerötet
getötet
→ *-öten*

-ötlich
rötlich
tödlich

-ötter
Götter
Spötter

-ötung
Lötung
Rötung
Tötung

-ötze
ergötze
Götze
Klötze
vergötze

-ötzlich
ergötzlich
plötzlich

-öwe
Löwe
Möwe

-of
→ *-oph*

-ofe
bei Hofe
doofe
Ganove
Katastrophe
Strophe
Zofe
→ *-oph*

-ofen
Alkoven
Ganoven
Ofen
pofen
schwofen
→ *-ofe*

-off
im Off
Sauerstoff
schroff
Stoff
Take-off
Zoff
→ *-offen*

-offe
hoffe

schroffe
Stoffe

-offel
Kartoffel
Pantoffel
Stoffel

-offen
angetroffen
besoffen
betroffen
erhoffen
ersoffen
getroffen
hoffen
offen
schroffen
soffen
troffen
unübertroffen

-oft
erhofft
gehofft
hofft
oft
unverhofft
→ *-offen*

-og
analog
Dialog
en vogue
Epilog
Katalog
Monolog
Prolog
Sog
Trog
→ *-ogen*

-og
→ *-ock*

-oge
Astrologe
Biologe
Demagoge
Droge
Gewoge
Graphologe
Ideologe
Meteorologe
Pädagoge
Ökologe
Politologe
Psychologe
Soziologe
Synagoge
Theologe
Urologe
W-/woge
Zoologe
→ *-ög*

-oge
Doge
Eloge
Loge

-ogel
Gemogel
Kogel
Vogel

-ogen
abgebogen
ausgeflogen
ausgesogen
ausgewogen
belogen
betrogen
bewogen
bezogen
B-/bogen
eingebogen
eingeflogen
eingesogen
eingezogen
entflogen
erzogen
gebogen
geflogen
gelogen
getrogen
gewogen
gezogen
hinterzogen
logen
Regenbogen
Rogen
überzogen
ungelogen
ungezogen
verbogen
verflogen
verlogen
verzogen
zugeflogen
zugezogen
→ *-ög*

-ogge
Dogge
jogge
Kogge
Pirogge

-ogik
Demagogik
Logik
Pädagogik

-ogisch
chronologisch
logisch
physiologisch
technologisch
termino-
logisch
typologisch
→ *-oge*

-ogo
L-/logo
Togo

-ohe
drohe
frohe

hohe
Lohe
Oboe
rohe
→ *-ohen*

-ohen
bedrohen
drohen
flohen
geflohen
lohen
verrohen
→ *-ohe*

-oheit
Hoheit
Rohheit

-ohung
Bedrohung
Drohung
Verrohung

-oi
→ *-eu*

-o-isch
heroisch
paranoisch
stoisch

-oje
Boje
Koje
Levkoje

-ok
→ *-og*

-oka
Judoka
Koka / Coca
Tapioka

-oker
Joker
P-/poker

-okus
Fokus
Hokuspokus
Jokus
Krokus
Lokus

-ol
Alkohol
frivol
Geratewohl
hohl
Idol
jawohl
Kapitol
Karbol
Kohl
Menthol
Methanol
Monopol
obwohl
Pirol
Pol
sowohl
Stanniol
Symbol
wohl
→ *-olen*

-ola
Angola
Bola
Carola
Cola
Gorgonzola
Pianola
Stola
Viola

-olch
Dolch
Molch
solch
Strolch

-olchen
erdolchen
solchen
strolchen
→ *-olch*

-old
→ *-olt*

-olde
besolde
Dolde
holde
Lügenbolde
vergolde
→ *-olt*

-olden
besolden
die Dolden
die holden
golden
vergolden
→ *-olt*

-older
holder
Vergolder
Wacholder

-ole
Banderole
Bohle
Bowle
Dohle
erhole
frivole
Gejohle
Gladiole
Gloriole
Idole
Kapriole
Kohle
Konsole

Metropole
Mole
Parole
Phiole
Pistole
Sohle
Sole
Triole
→ *-ol/-olen*

-olen
anbefohlen
befohlen
besohlen
empfohlen
erholen
Fohlen
gestohlen
holen
johlen
karriolen
P-/polen
rumkarriolen
Sohlen
überholen
unverhohlen
verhohlen
verkohlen
versohlen
verstohlen
→ *-ol/-ole*

-olf
Golf
Wolf

-oli
Paroli
Ravioli
Soli

-olie
Folie
Magnolie

-olisch
alkoholisch
apostolisch
diabolisch
katholisch
melancholisch
mongolisch
symbolisch

-olik
Diabolik
Kolik
Symbolik
Workaholik

-olke
dem Volke
Molke
Wolke

-oll
achtungsvoll
Apoll
Atoll
Babydoll
des Lobes voll
doll
ehrenvoll
erscholl
geheimnisvoll
Groll
jammervoll
jawoll
kummervoll
liebevoll
Moll
pascholl!
Protokoll
Rockn ' Roll
Soll
T-/troll
voll
toll
Zoll
→ *-ollen*

-olle
Atolle
Bolle
der dolle
Frau Holle
grolle
Jolle
Kasserolle
Knolle
Kontrolle
Molle
Nebenrolle
Rolle
Scholle
T-/tolle
Wolle
→ *-oll/-ollen*

-ollen
abgeschwollen
aufgequollen
aufrollen
entrollen
erschollen
gequollen
geschwollen
grollen
Pollen
rollen
schmollen
sich trollen
sollen
Stollen
tollen
verquollen
verschollen
verzollen
wollen
zollen
→ *-oll/-olle*

-oller
Discoroller
Hohenzoller
je oller – je doller
Koller
Poller
Roller

Tropenkoller
→ *-oll/-ollern*

-ollern
bollern
kollern
rollern
→ *-oll/-oller*

-olli
Dolly
Lolli
mein lieber Scholli!
Molly
Rolli

-ollig (-ich)
drollig
knollig
mollig
wollig
→ *-ollen*

-olo
Polo
Solo

-olpern
holpern
stolpern

-olt
abgeholt
aufgeholt
ausgeholt
eingeholt
erholt
geholt
holt
überholt
umgepolt
verkohlt
weit hergeholt
wiederholt
→ *-olen*

-olt
abgerollt
aufgerollt
ausgerollt
Colt
eingerollt
gegrollt
gerollt
gewollt
Gold
gottgewollt
grollt
hold
Lügenbold
Trunkenbold
Tugenbold
überrollt
umgerollt
ungewollt
verzollt
Volt
→ *-ollen*

-olte
Revolte
Volte
Witwe Bolte
→ *-ollen*

-olten
entgolten
gegolten
holten
scholten
unbescholten
vergolten

-olter
F-/folter
Gepolter
holterdie-polter!
→ *-olt*

-olts
→ *-olz*

-olung
Besohlung
Erholung
Polung
Überholung
Verkohlung
Wiederholung

-olz
Holz
Stolz
Unterholz
→ *-olze/-olzen*

-olze
holze
ich bolze
Komsomolze
S-/stolze

-olzen
B-/bolzen
die stolzen
geschmolzen
holzen
schmolzen
verholzen

-om
Astronom
Atom
Autodrom

autonom
Chrom
Chromosom
Diplom
Dom
Euratom
Gastronom
Gnom
Hippodrom
Kondom
Ohm
Phantom
Ökonom
Pogrom
Rom
Strom
Symptom
Syndrom

-om
→ *-omm*

-oma
Aroma
La Paloma
Oma
Roma

-ombe
Bombe
Katakombe
Plombe

-omen
die Aromen
verchromen
verstromen
→ *-om*

-omik
Komik
Ökonomik

-omisch
anatomisch
astronomisch
gastronomisch
komisch
ökonomisch

-omm
CD-Rom
fromm
Schalom!
vom
→ *-ommen*

-ommel
Bommel
Getrommel
Trommel

-ommen
angekommen
beklommen
bekommen
benommen
davonge-
kommen
entkommen
erklommen
frommen
gekommen
genommen
klommen
kommen
unbenommen
verkommen
vernommen
verschwom-
men
vollkommen
W-/will-
kommen

-ommer
Altweiber-
sommer
frommer
Sommer

-on
Absolution
Addition
Aktion
Ambition
Amortisation
Animation
Attraktion
Auktion
Automation
Aversion
Balkon
Baron
Demission
Demons-
tration
Depression
Diakon
Diktion
Dimension
Direktion
Diskretion
Diskussion
Edition
Emanzipation
Emulsion
Eruption
Eurovision
Fabrikation
Faszination
Fiktion
Formation
Fraktion
Fron
Frustration
Funktion
Fusion
Garnison
Generation
Gratulation
Halluzination
Hohn
Hungerlohn
Illusion

Imitation
Inhalation
Institution
Instruktion
Intention
Investition
Kanton
Kaution
Klon
Koalition
Kollision
Kombination
Kommission
Kommunika-
tion
Kommunion
Komposition
Konfektion
Konfirmation
Konstitution
Konzentration
Konzession
Koordination
Korruption
Legitimation
Lektion
Lohn
Manipulation
Megaphon
Mikrophon
Million
Mission
Moderation
Modifikation
Modulation

monoton
Motivation
Nation
Navigation
Obduktion
obschon
Observation
Passion
Pension
Perfektion
Perforation
Person
Perversion
Phon
Portion
Position
Präsentation
Präzision
Proportion
Prostitution
Protektion
Provision
Prozession
Publikation
Qualifikation
Ration
Reaktion
Redaktion
Region
Reklamation
Relation
Religion
Sanktion
Saxophon
schon

Schwieger-
sohn
Sensation
Situation
Skorpion
Sohn
Spedition
Telefon
Television
Ton
Tradition
Transfusion
Union
Variation
Vegetation
Version
Vibration
Vision
Xylophon
Zirkulation
Zivilisation
Zyklon

-on
Akkordeon
Babylon
Bandoneon
Bariton
Biathlon
davon
Elektron
Estragon
Marathon
Marion
Napoleon

Pentagon
Rubikon
Stadion
Triathlon
Triptychon
von
wovon
Ypsilon

-on
Affront
Chanson
Crouton
Feuilleton
Flacon
Fond
Jargon
Liaison
Plafond
Siphon

-ona
in persona
Korona
Patrona
Tarragona

-ond
→ *-on*

-onde
blonde
Ronde
Sonde

-one
Amazone
Anemone
Bohne
Drohne
Epigone
Gallone
Ikone
Kanone
Kanzone
Kommilitone
Krone
Limone
Makrone
Marone
Matrone
Melone
ohne
Patrone
Rhône
Schablone
Zitrone
Zone
zweifelsohne
→ *-onen*

-onen
belohnen
betonen
bewohnen
entlohnen
entthronen
fronen
klonen
lohnen
schonen
verschonen
vertonen
wohnen
→ *-on/-one*

-oner
Bewohner
Schoner
Vertoner
→ *-on*

-oney
→ *-anni*

-ong
Balkon
Beton
Blouson
Bon
Bouillon
Champignon
Coupon
Fasson
Gong
Karton
Kompagnon
Kupon
Medaillon
Pardon

Pavillon
Räson
Saison
Salon
Waggon

-onik
Architektonik
Chronik
Diatonik
Elektronik
Sinfonik

-onin
Baronin
Kommilitonin
Patronin
Spionin

-onisch
architek-
tonisch
chronisch
dämonisch
drakonisch
elektronisch
harmonisch
ironisch
konisch
lakonisch
platonisch
salomonisch
sinfonisch
stereo-
phonisch
telefonisch

-onium
Ammonium
Harmonium
Kolophonium
Plutonium

-onne
Kolonne
Nonne
S-/sonne
Tonne
Wonne

-onnen
begonnen
besonnen
ersonnen
geronnen
gesonnen
gesponnen
gewonnen
sonnen
versponnen
zerronnen
→ *-onne*

-ono
cui bono?
Mono
unisono

-ont = Mond
betont
bewohnt
gewohnt
verschont
verwohnt
→ *-ohnen*

-ont = blond
besonnt
Bond
Diskont
Front
gekonnt
Horizont

-ont
→ *-on*

-onten
Fronten
K-/konnten
sonnten
→ *-ont*

-onung
Belohnung
Betonung
Entlohnung
Klonung
Schonung
Vertonung
Wohnung

-op = Lob
Biotop
Cinemascope
Demoskop
Endoskop
gottlob!
grob
Heliotrop
Horoskop
Kaleidoskop
Mikroskop
Teleskop
Zyklop
→ *-oben*

-op
→ *-opp*

-ope
Antilope
Biotope
Pope
Synkope
→ *-op*

-opf
Knopf
Kopf
Kropf
Pfropf
Sauertopf
Schopf
Topf
Tropf
Wiedehopf
Zopf
→ *-opfen*

-opfen
Hopfen
klopfen
P-/pfropfen
stopfen
Topfen
T-/tropfen
verstopfen

-opft
abgetropft
angeklopft
aufgepfropft
ausgestopft
bezopft
geklopft
gestopft
klopft
verstopft
vollgestopft
→ *-opfen*

-oph
Anthroposoph
doof
Hof
Philosoph
Schwof

-opisch
äthiopisch
demoskopisch
kaleido-
skopisch
mikroskopisch
synkopisch
tropisch
utopisch

-opp
Galopp
grob
hopp!
Job
Mob
Mopp
ob
salopp
Snob
Stopp
tipp-topp
topp!

-oppel
Doppel
Gehoppel
Gekoppel
Hoppel
Koppel
Moppel
→ *-oppeln*

-oppeln
entkoppeln

hoppeln
koppeln
stoppeln
verdoppeln
→ *-oppel*

-oppelt
abgekoppelt
angehoppelt
angekoppelt
verdoppelt
→ *-oppeln*

-oppen
foppen
kloppen
moppen
proppen
S-/schoppen
saloppen
stoppen
verkloppen
Wonne-
  proppen

-opper
Chopper
Galopper
proper
Stopper

-oppt
bekloppt
foppt
gefoppt
genoppt
gerobbt
→ *-oppen*

-ops
Drops
hops!
Klops
Mops
→ *-opp*

-opse
Dropse
Gehopse
hopse
Klopse
mopse
Synopse

-opsen
hopsen
sich mopsen
→ *-opse*

-opst
→ *-obst*

-or
bevor
Chlor
Chor
Dekor
empor
Eselsohr
flor
Fort
Galgenhumor
hervor
Humor
Komfort
Kontor
Korps
Korridor
Labor
Major
Meteor
Moor
Motor
Ohr
Pastor
Ressort
Rohr
Señor
sonor
Store
Tenor
Tor
Trauerflor
Tresor
wovor
zuvor
→ *-oren*

-ora
Angora
Aurora
Pandora
Señora
Signora
Thora

-orben
abgestorben
abgeworben
erworben
gestorben
geworben
umworben
verdorben

-orchel
Morchel
Schnorchel

-orchen
gehorchen
horchen
storchen

-ord
→ *-ort*

-orde
Akkorde
Horde
M-/morde
→ *-ort*

-orden
ermorden
geworden

morden
Norden
Orden
überborden
→ *-ort*

-order
Außenborder
forder
O-/order
Recorder
→ *-ordern*

-ordern
Altvordern
beordern
die vordern
erfordern
fordern
ordern
überfordern
→ *-order*

-ordert
angefordert
aufgefordert
fordert
gefordert
→ *-ordern*

-ore
amore
Amphore
bohre
Empore
Folklore
Furore
Kommodore
Monsignore
Pore
sonore
Trikolore
→ *-or/-oren*

-oren
angeboren
auserkoren
Autoren
Azoren
beschworen
bohren
chloren
die Investoren
erfroren
erkoren
geboren
gegoren
geschoren
geschworen
Juroren
rumoren
schmoren
schworen
Sensoren
Sponsoren
Sporen
Professoren
Transistoren
ungeschoren
unverfroren
verbohren
verfroren
vergoren
verloren
verschmoren
verschworen
Zensoren

-orer
Bohrer
Explorer

-ores
Dolores
kapores
Kokolores
Mores
Señores
Zores

-orf
amorph
Dorf
Schorf
Torf

-orfen
amorphen
entworfen
geworfen
überworfen
unterworfen
verworfen

-orgen
besorgen
borgen
entsorgen
geborgen
M-/morgen
S-/sorgen
verborgen
versorgen

-orgt
ausgesorgt
besorgt
unbesorgt
versorgt
→ *-orgen*

-oria
Donner und
Doria!
Gloria
Viktoria

-ori-e
Glorie
Historie
Zichorie

-orig (-ich)
bohr ich

honorig
humorig
moorig
vorig

-orik
Allegorik
Metaphorik
Motorik
Rhetorik

-orin
Assessorin
Direktorin
Doktorin
Initiatorin
Inspektorin
Jurorin
Lektorin
Moderatorin
Pastorin
Professorin
Rektorin

-orisch
allegorisch
euphorisch
historisch
illusorisch
kategorisch
metaphorisch
motorisch
notorisch
obligatorisch
organisa-
torisch
provisorisch
rhetorisch
sensorisch

-orium
Auditorium
Brimborium
Direktorium
Konser-
vatorium
Krematorium
Kuratorium
Laboratorium
Obser-
vatorium
Oratorium
Provisorium
Refektorium
Sanatorium
Territorium

-orke
Borke
entkorke
Forke
knorke!
Lorke
verkorke

-orm
abnorm
enorm
Form
konform
Norm
Reform
Uniform

-ormen
formen
Formen
normen
verformen
→ *-orm*

-orn
Born
Dorn
Horn
Korn
Sporn
vorn
Zorn

-ornig (-ich)
dornig
sporn ich
zornig

-ornt
angespornt
gespornt
verhornt

-orph
→ *-orf*

-orren
schnorren
verdorren
verworren

-orsch
Dorsch
forsch
morsch

-orschen
erforschen
forschen
morschen
vermorschen

-orscher
Forscher
forscher
morscher

-orst
er morst
Forst
Horst
→ *-orren*

-orste
Borste
morste

-orsten
borsten
durchforsten
geborsten

horsten
sie morsten

-ort = -ohrt
bohrt
gebohrt
geschmort
umflort
verbohrt
→ *-oren*

-ort = dort
Abort
Akkord
Bord
Cord
Export
Fjord
fort
geschnorrt
Hort
Import
Kinderhort
Lord
Mord
Nord
Ort
Port
Rapport
Rekord
Report
schnorrt
sofort
Sport
Transport
Wort
→ *-orren*

-orte
Borte
Eskorte
forte
horte
Kohorte
Konsorte
Pforte
Pianoforte
Retorte
Sorte
Torte

-orten
allerorten
horten
orten
schnorrten
→ *-orren*

-os
ahnungslos
anstandslos
beispiellos
besinnungslos
bloß
burschikos
dubios
ergebnislos
famos
fassungslos
fehlerlos
Floß
furios
gedankenlos
Gernegroß
Gnadenstoß
grandios
groß
Hausse
hoffnungslos
Kloß
kurios
Los/los!
makellos
Moos
mühelos
rigoros
Schoß
S-/stoß
tatenlos
Trauerkloß
Verstoß
virtuos
wirkungslos
wolkenlos
Zusammen-
stoß
→ *-osen*

-os
→ *-oss*

-osa
Mater
dolorosa
Monte Rosa
Prosa
rosa

-osch
Boche
Brioche
drosch
Frosch
Squash
→ *-oschen*

-oschen
Brosche
Galosche
Gosche

-oschen
abgedroschen
droschen
erloschen
Groschen
verloschen
→ *-osche*

-ose
Apotheose
Aprikose
burschikose
Chose
Diagnose
Dose
Getose
Herbstzeitlose
Hose
Hypnose

L-/lose
Matrose
Metamorphose
Mimose
Narkose
Neurose
Pose
Prognose
Psychose
Rose
Spirituose
Symbiose
Virtuose
Viskose
→ *-os / -osen*

-osen
erbosen
kosen
liebkosen
Preziosen
tosen
umtosen
verlosen

-osig (-ich)
erbos ich
moosig
rosig
→ *-osen*

-oss
Albatros
Boss
Calvados
Geschoss
Koloss
kross
Motocross
Rhinozeros
Ross
Schloss
Spross
Tross
zerfloss
→ *-ossen*

-osse
Flosse
Genosse
Glosse
Gosse
Karosse
krosse
Posse
Sommersprosse
Sprosse
Trosse
→ *-oss*

-ossen
abgegossen
begossen
beschlossen
die krossen
entschlossen
entsprossen
erschossen
F-/flossen
gegossen
genossen
geschlossen
geschossen
gossen
schlossen
schossen
sprossen
umflossen
verflossen
vergossen
verschlossen
verschossen
zerschossen
→ *-oss*
→ *-osse*

-ossig (-ich)
geschossig
rossig
sommersprossig
zehngeschossig
→ *-ossen*

-ost = prost!
ausgelost
bemoost
erbost
getrost
stoßt
Toast
Trost
verstoßt
→ *-osen*

-ost = Frost
Kompost
Kost
Most
Ost
Post
Rost

-oste
ausgeloste
proste
toaste
→ *-ossen / -ost*

-osten
frosten
kosten
mosten
Osten
Pfosten
Posten
rosten
verkosten
verrosten
→ *-ost*

-oster = Poster
Kloster
Toaster
→ *-ost*

-oster = Froster
Defroster
Entfroster
Froster
Paternoster
Verkoster

-ostet
angerostet
ausgekostet
gefrostet
verrostet
→ *-osten*

-osum
Faszinosum
Kuriosum
Rigorosum

-ot = Boot
à la mode
Angebot
angedroht
Atemnot
Aufgebot
bedroht
Brot
Chaot
Code
Despot
devot
droht
Exot
Gebot
Gnadenbrot
Hungertod
Idiot
Kot
Lot
marod
mausetot
Morgenrot
Not
Patriot
Pilot
Rot
Schlot
Schrot
Tod
tot
Verbot
verroht
→ *-ohen*

-ot
→ *-ott*

-ote
Anekdote
Angebote
Bote
Exote
Götterbote
Kojote
Muschkote
Note
Pfote
Quote
Schote
Zote
→ *-ot / -oten*

-oten
angedrohten
bedrohten
benoten
drohten
Eroten
geboten
Knoten
knoten
loten
schroten
verboten
verknoten

-otet
ausgebotet
ausgelotet
geknotet
geschrotet
knotet
verknotet
→ *-oten*

-otik
Erotik
Exotik
Gotik

-otin
Botin
Exotin
Idiotin
Patriotin
Pilotin

-otisch
antibiotisch
chaotisch
despotisch
erotisch
exotisch
gotisch
hypnotisch
idiotisch
neurotisch
patriotisch

-oto
Foto
Toto

-otor
Motor

Promotor
Rotor

-ott
Bankrott
bigott
Boykott
Don
Quichotte
Fagott
flott
Gott
hot
Komplott
Kompott
Ozelot
Plot
polyglott
Pott
Schafott
Schamott
Schott
Schrott
Spot
Spott
Trott
→ *-otten*

-otte
Flotte
Grotte
Karotte
Klamotte
Kokotte
Marotte
Motte
Rotte
Schalotte
Schotte
spotte
Sprotte
→ *-ott/-otten*

-ottelt
angetrottelt
angezottelt
bigotten
gesotten
otten
rotten
spotten
verrotten
verschrotten
verspotten
vertrottelt

-otter
Dotter
ein flotter
Geschlotter
Gestottert
Globetrotter
Otter
Schotter
→ *-ottern*

-ottern
schlottern
schottern
stottern
verlottern
→ *-ott*

-ottet
ausgerottet
eingemottet
gespottet
verrottet
verspottet
→ *-otten*

-otto
Lotto
Motto
Risotto

-ottung
Verrottung
Verschrottung
Verspottung
Zusammen-
rottung

-otz
Klotz
potz!
Protz
Rotz
T-/trotz
→ *-otzen*

-otze
Gekotze
Gemotze
Glotze
ich glotze
→ *-otzen*

-otzen
ertrotzen
G-/glotzen
klotzen
kotzen
motzen
protzen
schmarotzen
strotzen
trotzen

-otzig (-ich)
glotz ich
klotzig
rotzig
trotzig
→ *-otzen*

-otzt
abgetrotzt
angeglotzt
angemotzt
aufgemotzt
ausgekotzt
gemotzt
glotzt
rangeklotzt
→ *-otzen*

-ou (u)
→ *-u*

-ouille
Bredouille
Patrouille

-ox
B-/box
Fox
Gesocks
Ochs
on the rocks
orthodox
paradox
Phlox
Vox

-oxe
boxe
Gesockse
O-/ochse
orthodoxe
paradoxe

-oxen
B-/boxen
O-/ochsen
orthodoxen
→ *-ox*

-oxt
blockst
boxt
geboxt
geochst
ochst
→ *-ocken*

-oy
→ *-eu*

-u

-u
Bijou
buh!
Clou
Coup
Crew
dazu
Dessous
du
Filou
geradezu
Getu
Hautgout
hinzu
im Nu
immerzu
Interview
IQ
Irishstew
Kakadu
Känguru
Kanu
Kuh
Marabu
muh!
nahezu
nanu!
partout
Passepartout
Puh!
Ragout
Rendezvous
Schmu
Schuh
Sou
tabu
Tattoo
Who is who
wozu
zu

-ub
Beelzebub
begrub
Bub
grub
Hub
Schub

-ub
→ *-upp*

-ubbeln
knubbeln
rubbeln
verstrubbeln

-ube
Bube
Grube
Herzbube
Kaschube
Stube
Tube

-ubel
Doubel
Gejubel
Jubel
Rubel
Trubel
→ *-ubeln*

-ubeln
doubeln
jubeln
verjubeln

-uben
begruben
Buben

gruben
→ *-ube*

-ubs
→ *-upps*

-uch
= Besuch
Buch
Eunuch
Fluch
Gesuch
Hungertuch
Tagebuch
Tuch
Versuch
→ *-uchen*

-uch =
Bruch
Geruch
Spruch
Widerspruch
Wolkenbruch

-uche
B-/besuche
Buche
Gefluche
Suche
→ *-uch / -uchen*

-uchen
besuchen
buchen
ersuchen
fluchen
Kuchen
suchen
untersuchen
verfluchen
versuchen
→ *-uch / -uche*

-ucher
Besucher
Sucher
Wucher

-uchs
Betrugs
erwuchs
W-/wuchs
→ *-ug*

-uchs
→ *-ux*

-uchse
Buchse
Buxe
druckse
Gedruckse
Gegluckse
gluckse
→ *-ucksen / -ux*

-uchst
abgeluchst
ausgefuchst
druckst
gedruckst
→ *-ucksen*

-ucht =
betucht
ausgebucht
ausgesucht
besucht
gebucht
gesucht
verrucht
versucht
→ *-uchen*

-ucht =
Bucht
Eifersucht
Flucht
Frucht
Schlucht
Sucht
Wucht
Zucht

-uchtel
F-/fuchtel
Gefuchtel
Schwuchtel

-uchteln
F-/fuchteln
Schwuchteln

-uchten =
suchten
besuchten
die ausge-
buchten
→ *-ucht / -uchen*

-uchten =
Buchten
befruchten
Fluchten
fruchten
wuchten
→ *-ucht*

-uchtet
ausgebuchtet
befruchtet
eingebuchtet
→ *-uchten*

-uchtig
(-ich)
buchtig
fruchtig
fuchtig
wucht ich
wuchtig

-uchung
Buchung
Untersuchung
Versuchung

-uchzen
juchzen
schluchzen

-uck
Druck
hauruck!
New Look
Puck
Ruck
Schluck
S-/schmuck
Stuck
→ *-ucken*

-ucke
drucke
Glucke
Haidschnucke
Hucke
meschugge
schmucke
Schnucke
Spucke
Tucke
→ *-uck/-ucken*

-uckel
B-/buckel
Gezuckel
Huckel
Nuckel
→ *-uckeln*

-uckeln
buckeln
juckeln
nuckeln
ruckeln
schuckeln
zuckeln
→ *-uckel*

-uckelt
angezuckelt
ausgenuckelt
buckelt
gebuckelt
→ *-uckeln*

-ucken
begucken
bespucken
drucken
ducken
glucken
gucken
jucken
Schlucken
schmucken
spucken
vergucken
verschlucken
zucken
→ *-uck/-ucke*

-ucker
armer
Schlucker
Drucker
schmucker
Zucker
→ *-ucker*

-uckert
angetuckert
gegluckert
gluckert
ungezuckert
zuckert

-ucksen
Buchsen
drucksen
fuchsen
glucksen
juxen
luchsen
mucksen
verjuxen

-uckst
→ *-uchst*

-uckt
angespuckt
aufgemuckt
ausgedruckt
gedruckt
Produkt
Viadukt
→ *-ucken*

-ud
→ *-ut*

-udas
Bermudas
Judas
tu das!

-uddeln
buddeln
knuddeln
schmuddeln
schnuddeln

-uddelt
angeschmud-
delt
ausgebuddelt
geknuddelt
→ *-uddeln*

-ude
Bude
Buxtehude
Drude
Jude
krude
Lude

-udel
besudel
Gedudel
Gehudel
Gesudel
Nudel
Pudel
Rudel
Sprudel
Strudel
→ *-udeln*

-udeln
besudeln
dudeln
hudeln
nudeln
sprudeln
sudeln
trudeln
→ *-udel*

-udelt
besudelt
eingetrudelt
gesudelt
versprudelt
→ *-udeln*

-uder
Bruder
Fuder
Geschluder
Luder
Ruder
→ *-udern*

-udern
pudern
rudern
schludern
verludern
→ *-uder*

-ü
Aperçu
Atü
Avenue
Bellevue
Debut
déjà-vu
écru
Ecu
Fondue
früh
hü!
Liebesmüh
Menü
Parvenü
perdu
Piz Palü
Revue
→ *-ühen*

-üb
Polyp
stereotyp
trüb
Typ
→ *-üben*

-übe
betrübe
Rübe
Schübe
trübe
→ *-üben*

-übel
D-/dübel
Kübel
Stübel
Übel
→ *-übeln*

-übeln
dübeln
grübeln
verdübeln
verübeln
→ *-übel*

-üben
betrüben
drüben
Rüben
Schüben
T-/trüben
üben
verüben

-über
darüber
drüber
gegenüber
herüber
hinüber
Nasenstüber
trüber
vorüber
worüber

-üblich
betrüblich
üblich

-übt
betrübt
geübt
→ *-üben*

-übung
Trübung
Übung

-üche
Brüche
Küche
→ *-uch*

-üchlich
unverbrüch-
lich
widersprüch-
lich

-ücht
Gerücht
Gezücht

-üchte
flüchte
Früchte
Gerüchte
Süchte
züchte

-üchten
flüchten
züchten

-üchtern
ernüchtern
nüchtern
schüchtern
verschüchtern

-üchtert
eingeschüch-
tert

ernüchtert
verschüchtert

-üchtig
(-ich)
eifersüchtig
flücht ich
flüchtig
süchtig
tüchtig
zücht ich
züchtig

-üchtigt
berüchtigt
ertüchtigt
verflüchtigt
züchtigt

-ück
Einzelstück
Glück
Liebesglück
Stück
zurück
→ *-ücken*

-ücke
bestücke
Brücke
Krücke
Lücke
Mücke
Perücke
Stücke
Tücke
zum Glücke
→ *-ücken*

-ücken
bedrücken
beglücken
bestücken
bücken
drücken
E-/entzücken
entrücken
erdrücken
glücken
missglücken
Mücken
pflücken
R-/rücken
schmücken
Stücken
überbrücken
unterdrücken
verdrücken
verrücken
zerpflücken
zücken
→ *-ücke*

-ückend
bedrückend
beglückend
berückend
drückend
entzückend
erdrückend
schmückend
→ *-ücken*

-ücker
Drücker
Pflücker

-ückt
abgedrückt
ausgedrückt
bedrückt
beglückt
bestückt
entzückt
gebückt
gedrückt
geschmückt
unverrückt
verrückt
verzückt
→ *-ücken*

-ückung
Bedrückung
Bestückung
Überbrückung
Unter-
drückung
Verzückung

-üd
→ *-üt*

-üde
Attitüde

Etüde
müde
Platitüde
prüde
R-/rüde

-üdlich
→ *-ütlich*

-üfe
Hieroglyphe
prüfe

-üffe
Knüffe
Püffe
verblüffe

-üffel
B-/büffel
Geschnüffel
Rüffel
Trüffel
→ *-üffeln*

-üffeln
büffeln
müffeln
rüffeln
schnüffeln
süffeln
trüffeln
→ *-üffel*

-üfte
Düfte
Hüfte
lüfte
verblüffte

-üften
Düften
Hüften
lüften
verblüfften
zerklüften
→ *-uft*

-üge
begnüge
Bezüge
Gefüge
Genüge
Lüge
Rüge
Winkelzüge
Züge
→ *-ügen*

-ügel
Bügel
Flügel
Geflügel
Hügel
Prügel
Zügel
→ *-ügeln*

-ügeln
beflügeln
bügeln
klügeln
prügeln
überflügeln
verprügeln
zügeln
→ *-ügel*

-ügelt
ausgeklügelt
beflügelt
gebügelt
→ *-ügeln*

-ügen
begnügen
betrügen
fügen
genügen
lügen
pflügen
rügen
V-/vergnügen
verfügen
→ *-üge*

-ügig (-ich)
begnüg ich
gefügig
zügig
→ *-ügen*

-üglich
bezüglich
diesbezüglich
füglich
untrüglich
unverzüglich
vergnüglich
vorzüglich

-ügsam
fügsam
genügsam

-ügt
angefügt
begnügt
beigefügt
vergnügt
→ *-ügen*

-ügung
Fügung
Verfügung
Vergnügung

-ühe
bemühe
Brühe
Frühe
Kühe
Mühe
→ *-ühen*

-ühen
Avenuen
Bemühen
bemühen
blühen
brühen
frühen
glühen
Revuen
sprühen
verblühen
verbrühen
verglühen
versprühen
→ *-ühe*

-ül
Acryl
Asyl
Gefühl
Gestühl
Kalkül
kühl
Mitgefühl
Molekül
schwül
Vestibül
→ *-ülen*

-üle
ich fühle
Kanüle
K-/kühle
Mühle
Schwüle
Spüle
Stühle
→ *-ül*
→ *-ülen*

-ülen
fühlen
kühlen
spülen
umspülen
verkühlen
wühlen
zerwühlen
→ *-üle*

-üler
Fühler
K-/kühler
Schüler
schwüler
Wühler

-üll
Brüll
Chlorophyll
Gebrüll
Idyll
Müll
Tüll
→ *-üllen*

-ülle
brülle
Hülle und Fülle
Idylle
knülle
→ *-üllen*

-üllen
brüllen
enthüllen
erfüllen
Füllen
füllen
Hüllen
hüllen
knüllen
verhüllen
zerknüllen
→ *-ülle*

-üller
Füller
Knüller
Müller
Pausenfüller

-üllung
Enthüllung
Erfüllung
Füllung
Umhüllung
Verhüllung

-üllt
angefüllt
ausgefüllt
brüllt
eingehüllt
gebrüllt
unverhüllt
→ *-üllen*

-ült
abgekühlt
aufgewühlt
ausgespült
fühlt
gefühlt
tiefgekühlt
unterkühlt
→ *-ülen*

-ülung
Kühlung
Spülung
Verkühlung

-üm
anonym
Enzym
Kostüm
Parfüm
Pseudonym
Synonym
ungestüm
Ungetüm

-ümeln
altertümeln
krümeln
verkrümeln

-ümer
Altertümer
anonymer
Eigentümer
ungestümer
→ *-üm*

-ümmel
Getümmel
Herum-
gelümmel
Kümmel
Lümmel
→ *-ümmeln*

-ümmeln
lümmeln
mümmeln
verstümmeln

-ümmer
bekümmer
dümmer
Trümmer
→ *-ümern*

-ümmern
bekümmern
kümmern
verkümmern
zertrümmern

-ümmert
bekümmert
gekümmert
unbekümmert
verkümmert
zertrümmert
→ *-ümmern*

-ümpel
dümpel
Gerümpel
Tümpel
→ *-ümpeln*

-ümpeln
dümpeln
entrümpeln
Tümpeln

-ümpfe
ich rümpfe
Lymphe
Nymphe
schimpfe
→ *-umpf*

-ümt
berühmt
geblümt
gerühmt
unverblümt

-ün
bemühen
grün
kühn
→ *-ühen/-ünen*

-ünden
begründen
entzünden
ergründen
gründen
künden
münden
verbünden
verkünden
zünden

-ünder
Begründer
gesünder
Gründer
Münder
plünder
Sünder
Verkünder
Zünder

-ündig (-ich)
begründ ich
bündig
fündig
hintergründig
mündig
sündig
→ *-ünden*

-ündigt
entmündigt
gekündigt
gesündigt
kündigt
sündigt

-ündlich
entzündlich
gründlich
mündlich
stündlich
unergründlich

-ündung
Begründung
Entzündung
Mündung
Verkündung
Zündung

-üne
Bühne
Düne
erkühne
Grüne
Hüne
kühne

Rankküne
Sühne
Tribüne
→ *-ün / -ünen*

-ünen
erkühnen
grünen
sühnen
→ *-üne*

-ünftig
künftig
vernünftig
zünftig

-ünge
dünge
Schwünge
Sprünge
verjünge
→ *-üngen*

-üpfen
entschlüpfen
hüpfen
knüpfen
lüpfen
schlüpfen
verknüpfen

-üppel
K-/knüppel
Krüppel

-ür
Côte d'Azur
dafür
en miniature
Gebühr
Geschwür
Gespür
Haute
Couture
hierfür
Kür
Tür
Ungebühr
wofür
→ *-üren*

-ürde
Bürde
Hürde
W-/würde

-üre
Allüre
berühre
Bordüre
Gravüre
Konfitüre
Kuvertüre
Lektüre
Maniküre
Ouvertüre
S-/schnüre
Schwüre
Türe
→ *-üren*

-üren
Allüren
berühren
entführen
erküren
führen
Gebühren
küren
rühren
schnüren
schüren
spüren
überführen
verführen
verrühren
verspüren
vollführen
→ *-ür*

-ürfnis
Bedürfnis
Zerwürfnis

-ürge
B-/bürge
Gewürge
würge

-ürgen
B-/bürgen
erwürgen
verbürgen
würgen

-ürlich
ausführlich
figürlich
gebührlich
natürlich
ungebührlich
unnatürlich
unwillkürlich
widernatürlich

-ürme
bestürme
Stürme
Türme
→ *-ürmen*

-ürmen
auftürmen
bestürmen
erstürmen
stürmen
T-/türmen

-ürmer
Gipfelstürmer
Mittelstürmer
Stürmer
Türmer
Würmer

-ürste
B-/bürste
der dürrste
ich dürste
Würste

-ürsten
B-/bürsten
die dürrsten
dürsten

-ürt
abgeführt
angerührt
aufgespürt
berührt
entführt
fortgeführt
geführt
gerührt
irregeführt
überführt
umgerührt
verführt
→ *-üren*

-ürtig (-ich)
berührt ich
ebenbürtig
gebürtig
→ *-üren*

-ürung
Berührung
Entführung
Führung
Irreführung
Rührung
Schnürung
Überführung
Unterführung
Verführung
Verschnürung

-ürze
Fürze
Gewürze
K-/kürze
Schürze
Würze
→ *-ürzen*

-ürzen
kürzen
schürzen
stürzen
überstürzen
verkürzen
würzen
→ *-ürze*

-ürzt
abgestürzt
bestürzt
eingestürzt
gekürzt
gestürzt
gewürzt
kürzt
überstürzt
verkürzt
verwürzt
→ *-ürzen*

-ürzung
Abkürzung
Bestürzung
Kürzung
Überstürzung
Verkürzung
Würzung

-üsch
Gebüsch
Plüsch

-üsche
Büsche
Gebüsche
Rüsche

-üse
Analyse
D-/düse
Dialyse
Drüse
Elektrolyse
Gemüse
Hypophyse
Kombüse

-üsisch
dionysisch
metaphysisch
physisch

-üße
büße
Füße
Grüße
S-/süße
→ *-üßen*

-üsse
Beschlüsse
K-/küsse
müsse
→ *-us*

-üßen
begrüßen
büßen
grüßen
süßen
verbüßen
versüßen

-üssel
Brüssel
Rüssel
Schüssel

-üssen
küssen
müssen
→ *-us*

-üßig (-ich)
büß ich
müßig
→ *-üßen*

-üssig (-ich)
flüssig
küss ich
schlüssig
überdrüssig
überflüssig
überschüssig

-üßung
Begrüßung
Verbüßung
Versüßung

-üst = Wüst
bemühst
eingebüßt
gebüßt
gesüßt
verbüßt
wüst
→ *-üßen*

-üst
= Gerüst
Gelüst
ich wüsst
küsst
müsst
ungeküsst

-üste
= Wüste
Büste
büßte
→ *-üßen*

-üste = Küste
B-/brüste
Gelüste
Gerüste
Lüste
Zyste

-üsten
= müssten
B-/brüsten
entrüsten
gelüsten
küssten
rüsten
wüssten
→ *-üste*

-üster
= düster
gesüßter
verbüßter
Verwüster
wüster

-üster
= Küster
Geflüster
geküsster
Liebes-
geflüster
Lüster
Nüster

-üstet
ausgerüstet
brüstet
gebrüstet
→ *-üsten*

-üstung
Brüstung
Entrüstung
Rüstung

-üt
abgebrüht
bemüht
blüht
erblüht
erglüht
Geblüt
Gemüt
Gestüt
glüht
müd
Oxyd
verblüht
verfrüht
verglüht

-üte
behüte
Blüte
erster Güte
Hüte
Kajüte
Mythe
Tüte
→ *-üt / -üten*

-üten
behüten
brüten
hüten
vergüten
verhüten
wüten
→ *-üte*

-üter
abgebrühter
Hüter
Ladenhüter
→ *-üt*

-ütig (-ich)
edelmütig
gütig
sammelwütig
übermütig
wankelmütig
wütig
zehnminütig
→ *-üten*

-ütlich
gemütlich
gütlich
minütlich
südlich
unermüdlich

-ütt
brut
Bütt
lütt
Pütt

-ütte
Bütte
Hütte
Kajüte
S-/schütte

-üttel
Büttel
Gerüttel
Geschüttel
Knüttel
→ *-ütteln*

-ütteln
niederknütteln
rütteln
schütteln
→ *-üttel*

-üttern
den Müttern
erschüttern
füttern
schüttern

-üttung
Verhüttung
Verschüttung
Zerrüttung

-ütung
Bebrütung
Vergütung
Verhütung

-ütze
benütze
Grütze
Mütze
nütze
Pfütze
Schütze
Stütze
→ *-ützen*

-ützen
benützen
beschützen
nützen
schützen
stützen
unterstützen
→ *-ütze*

-ützt
abgestützt
benützt
geschützt
ungenützt
→ *-ützen*

-uf
Behuf
Beruf
Huf
Luv
Ruf
Verruf
Vesuv
Widerruf
→ *-ufen*

-ufe
Berufe
Hufe
Kufe
R-/rufe
Stufe
→ *-ufen*

-ufen
berufen
einberufen
einzustufen
rufen
schufen
Stufen
verrufen
widerrufen
→ *-uf*

-ufer
Rufer
Ufer

-uff
Kabuff
Knuff
Muff
P-/puff
Suff
Tuff
uff!
→ *-uffen*

-uffe
Kabuffe
Muffe
→ *-uff / -uffen*

-uffen
bluffen
knuffen
puffen
verpuffen

-uft
ausgebufft
Duft
Gruft
Kluft
Luft
Schuft
→ *-uffen / -uften*

-uften
duften
schuften
verduften
→ *-uffen*

-uftig (-ich)
duft ich
duftig
luftig
schuftig
→ *-uften*

-ug
Betrug
Bezug
Bug
Duke
Flug
Geisterspuk
genug
klug
Krug
Lug und Trug
Pflug
Sonderzug
Spuk
Straßenzug
Verzug
Vollzug
Zug
→ *-ugen*

-uge
Fluge
kluge
luge
verfuge
Zentrifuge
→ *-ug*

-ugen
betrugen
F-/fugen
klugen
lugen
schlugen
trugen
verfugen
vertrugen
zerschlugen

-ugend
Jugend
Tugend

-ugs
→ *-ux*

-uhe
Getue
Ruhe
Schuhe
Seelenruhe
Truhe
Tue
→ *-uhen*

-uhen
beruhen
geruhen
interviewen
muhen
ruhen

-uk
→ *-ug*

-uks
→ *-uchs*

-ul
cool
Joule
Liverpool
Modul
Mogul
Pfuhl
Pool
schwul
Stuhl
Uhl

-uld
→ *-ult*

-ulde
dulde
Mulde
→ *-ulden*

-ulden
dulden
erdulden
Gulden
Mulden
Schulden
verschulden

-uldet
duldet
geduldet
verschuldet
→ *-ulden*

-uldig (-ich)
duld ich
geduldig
muldig
schuldig
→ *-ulden*

-uldigt
beschuldigt
entschuldigt
gehuldigt
huldigt

-ule
Bambule
Buhle
Kuhle
Schule
Somnambule
Spule
S-/suhle
→ *-ulen*

-ulen
bestuhlen

buhlen
pulen
Schulen
spulen
suhlen
→ *-ule*

-uli
Juli
Kuli
Muli
Patschuli

-ulk
Pulk
Ulk

-ulle
Ampulle
Bulle
Pulle
Schatulle
Schrulle
Stulle
→ *-ullen*

-ullen
Ampullen
lullen
Nullen
pullen
strullen
→ *-ulle*

-ullern
bullern
kullern
pullern

-ulli
Bulli
Gully
Pulli

-ulpe
Nulpe
Pulpe
Stulpe
Tulpe

-ulst
durchpulst
Geschwulst
lullst
Wulst
→ *-ullen*

-ult
= geschult
abgespult
aufgespult
ausgepult
eingeschult
umgeschult
umgespult
→ *-ulen*

-ult
Dult
eingelullt
Geduld
Huld
Katapult
Kult
okkult
Pult
Schuld
Tumult
→ *-ulden* /
-ullen

-ulze
Schnulze
Schulze
Sulze

-um = Boom
Altertum
Bürgertum
Christentum
Dining Room
Eigentum
Fürstentum
Heiligtum
Heldentum
Konsum
Künstlertum
Mäzenaten-
tum
postum
Reichtum
Rittertum
Rowdytum
Ruhm
Scheichtum
Schmarotzer-
tum
Siechtum
Unternehmer-
tum
Zoom

-um = bumm
Antibiotikum
Basilikum
Charakteris-
tikum
darum
dumm
Fluidum
Gebrumm
herum
Klinikum
Kosmetikum
krumm
kurzum
Maximum
Minimum
Mumm
Narkotikum
Panoptikum
Praktikum
Publikum
ringsum

Rum
rum
Säkulum
stumm
Technikum
Trumm
Tuskulum
um
Unikum
Vakuum
warum
wiederum
worum
zum
→ *-ummen*

-umb
→ *-ump*

-ume
Blume
Krume
Muhme
→ *-um*

-umen
Bitumen
boomen
Lumen
Volumen
zoomen
→ *-ume*

-umm
→ *-um*

-umme
Brumme
D-/dumme
Gebrumme
Gesumme
Summe
→ *-um / -ummen*

-ummel
Bummel
Fummel
Gefummel
Hummel
Pummel
Rummel
Stummel
→ *-ummeln*

-ummeln
befummeln
beschummeln
brummeln
bummeln
fummeln
schummeln
tummeln
verbummeln
→ *-ummel*

-ummelt
beschummelt
bummelt
eingemum-
melt
gebummelt
→ *-ummeln*

-ummen
brummen
summen
verdummen
vermummen
verstummen
→ *-um / -umme*

-ummer
Brummer
Hummer
Kummer
Nummer
S-/schlummer
Summer
→ *-um*

-ummler
Bummler
Fummler
Schummler

-ummt
aufgebrummt
brummt
gebrummt
verdummt
verstummt
→ *-ummen*

-ump
auf Pump
Lump
plump

-umpe
Gelumpe
P-/pumpe
Plumpe

-umpel
Gehumpel
Gerumpel
humpel
Kumpel
→ *-umpeln*

-umpeln
humpeln
krumpeln
rumpeln
schrumpeln
überrumpeln
→ *-umpel*

-umpen
Gumpen

Humpen
Klumpen
L-/lumpen
plumpen
P-/pumpen
Stumpen

-umpf
dumpf
Rumpf
Schlumpf
schrumpf
Strumpf
S-/stumpf
Sumpf
Triumph
Trumpf
→ *-umpfen*

-umpfen
dumpfen
schrumpfen
stumpfen
sumpfen
trumpfen
übertrumpfen
versumpfen

-umpft
abgestumpft
aufgetrumpft
bestrumpft
geschrumpft
schrumpft
versumpft

-umps
→ *-ums*

-umpt
anpumpt
auspumpt
gepumpt
geschlumpt
lumpt
pumpt
schlumpt
zerlumpt

-ums
B-/bums
Gebums
Gesums
Mumps
plumps!
rums!

-un
beruhn
Cartoon
dun
High-noon
Huhn
immun
Kattun
Monsun
Neptun
nun
opportun
ruhn
Saloon

T-/tun
Taifun
Tribun
Tycoon
→ *-uhen*

-und
Befund
Bund
bunt
Burgund
Fund
gesund
Grund
Hintergrund
Hund
Kindermund
kund
kunterbunt
Lebensbund
Mund
na und?
Pfund
profund
rund
Schlund
Schund
Schwund
Spund
Untergrund
Vagabund
Verbund
Vordergrund
wund
→ *-unden*

-unde
bekunde
Ehrenrunde
Geisterstunde
in aller
Munde
Kunde
Rotunde
Runde
Schreckse-
kunde
Sekunde
Stunde
Wunde
zugrunde
→ *-un/-unden*

-unden
bekunden
empfunden
erfunden
erkunden
gebunden
gefunden
geschunden
gesunden
gewunden

munden
runden
S-/stunden
überrunden
unumwunden
verbunden
verschwunden
verwunden
→ *-unden* /
-unde

-under
bewunder
Burgunder
Erkunder
Flunder
Holunder
Plunder
Pullunder
Wunder
wunder
Zunder
→ *-und*

-undert
bewundert
gewundert
Hundert
Jahrhundert
verwundert
wundert

-undet
abgerundet
bekundet
gemundet
verwundet
→ *-unden*

-undig (-ich)
bekund ich
kundig
offenkundig
pfundig

-undung
Erkundung
Bekundung
Gesundung
Rundung
Stundung
Umrundung
Verwundung

-une
Buhne
Harpune
Kommune
Lagune
Rune
→ *-un*

-unft
Brunft
Niederkunft
Unvernunft
Vernunft
Zunft
Zusammen-
kunft

-ung
Abbiegung
Abbildung
Abfindung
Abhandlung
Ablehnung
Ablenkung
Abneigung
Abordnung
Abrüstung
Abschiebung
Absetzung
Absperrung
Abstimmung
Abtretung
Abwertung
Abwicklung
Änderung
Andeutung
Anhörung
Anleitung
Anordnung
Anschauung
Anspannung
Anstellung
Anstiftung
Anwendung
Aufbietung
Auffassung
Aufführung
Aufklärung
Auflösung
Aufregung
Aufwendung
Aufzählung
Ausbeutung
Ausbildung
Äußerung
Aushebung
Auslassung
Auslegung
Ausrichtung
Ausrüstung
Ausschreitung
Ausschwei-
fung
Aussetzung
Ausstattung
Ausstellung
Austragung
Beanstandung
Bearbeitung
Befähigung
Befestigung
Beförderung
Beherzigung
Bekräftigung
Belobigung
Belustigung
Beruhigung
Beschädigung
Beschleuni-
gung
Beschuldi-
gung
Beschwich-
tigung
Besserung
Bestätigung
Beteiligung

Beurteilung
Bevölkerung
Bewältigung
Bewässerung
Bewilligung
Billigung
Darbietung
Darlegung
Darstellung
Dung
Einbildung
Einigung
Einladung
Einlassung
Einleitung
Einrichtung
Einsendung
Einspielung
Einstellung
Eintrübung
Entfesselung
Entmündigung
Entschädigung
Entschuldigung
Erbitterung
Erheiterung
Erinnerung
Erkundigung
Erläuterung
Erledigung
Erleichterung
Ermäßigung

Ermunterung
Ermutigung
Eroberung
Erörterung
Ertüchtigung
Erwiderung
errungen
Federung
Fertigung
Förderung
Freisetzung
Fütterung
Genehmigung
Gliederung
Hinwendung
Hochachtung
Huldigung
Klarstellung
Kräftigung
Lieferung
Linderung
Lockerung
Mäßigung
Mitwirkung
Musterung
Mutmaßung
Nachforschung
Neuerung
Nötigung
Panzerung
Pflasterung
Plünderung
Polsterung
Regelung

Reinigung
Rückführung
Sättigung
Säuberung
Schädigung
Schwung
Sicherung
Spiegelung
Sprung
Steigerung
Steuerung
Umkehrung
Umleitung
Umstellung

Verabredung
Verankerung
Veranlagung
Veranstaltung
Verantwortung
Verärgerung
Veräußerung
Verballhornung
Verbesserung
Verbilligung
Verdächtigung
Verdoppelung
Vereidigung
Vereinbarung
Vereinigung

Verfeinerung
Vergrößerung
Vergünstigung
Verherrlichung
Verlagerung
Verlotterung
Versachlichung
Verschlimmerung
Verschönerung
Versicherung

Verständigung
Versteigerung
Verteidigung
Veruntreuung
Verurteilung
Verwahrlosung
Verweichlichung
Verwilderung
Verzauberung
Verzögerung
Voraussetzung
Vorlesung
Vorrichtung
Wahrneh-

mung
Wanderung
Weigerung
Witterung
Zulassung
Zumutung
Zustimmung
Zuteilung
Zuwendung

-unge
J-/junge
Lunge
Schwunge
Sprunge
Zunge

-ungen
ausbedungen
durchdrungen
entsprungen
errungen
gedrungen
gedungen
geklungen
gelungen
gerungen
geschwungen
gesprungen
gesungen
gezwungen
misslungen
mit Engelszungen
notgedrungen
ungezwungen
verklungen
verschlungen

-unger
Gelunger
Herumgelunger
H-/hunger
junger

-unk
F-/funk
Prunk
Strunk
Stunk
Trunk
→ *-unken*

-unke
Dschunke
F-/funke
Halunke
Spelunke
T-/tunke
Unke
→ *-unken*

-unkel
dunkel
Furunkel
Gefunkel
Gekunkel
Karbunkel
Karfunkel
kunkel
→ *-unkeln*

-unkeln
D-/dunkeln
funkeln
munkeln
schunkeln
verdunkeln
→ *-unkel*

-unken
betrunken
erstunken
ertrunken
F-/funken
gestunken
gesunken
getrunken
prunken
trunken
tunken
unken
→ *-unke*

-unker
B-/bunker
flunker
Funker
Geflunker
Junker
Klunker

-unkt
Adjunkt
gefunkt
Kontrapunkt
Punkt
→ *-unken*

-unsch
Flunsch
Punch
Wunsch

-unst
Brunst
Dunst
Feuersbrunst
Gunst
Kunst

-unt
→ *-und*

-unte
bunte
Lunte
Tunte

-unten
die bunten Lunten

Tunten
unten

-unter
bunter
darunter
herunter
hinunter
kopfunter
mitunter
munter
runter
unter

-unze
Gegrunze
grunze
Punze
→ *-unzen*

-unzel
Funzel
Geschmunzel
Rapunzel
R-/runzel
schmunzel

-unzen
grunzen
P-/punzen
Penunzen
verhunzen

-up
→ *-app*

-upe
Gehupe
Hupe
Lupe
→ *-upen*

-upen
hupen
loopen
→ *-upe*

-upf
Gugelhupf
H-/hupf
Tupf
Unterschlupf
→ *-upfen*

-upfen
hupfen
lupfen
R-/rupfen
S-/schnupfen
schlupfen
tupfen
zerrupfen
zupfen

-upfer
Hupfer
Kupfer
Schnupfer
Tupfer

-upp
Club
Hula-Hoop
schwupp!
Trupp
→ *-uppen*

-uppe
entpuppe
Gruppe
Kruppe
Kuppe
Puppe
Schaluppe
schnuppe
Suppe
Truppe
→ *-uppen*

-uppen
bis in die Puppen
entpuppen
Gruppen
S-/schuppen
verpuppen
→ *-uppe*

-uppi
Guppy
Struppi
Yuppie

-uppig (-ich)
puppig
ruppig
schuppig
struppig
suppig
→ *-uppen*

-upps
Clubs
Schubs
schwupps!
Stups
Trupps

-upt
abrupt
entpuppt
geschuppt
korrupt
→ *-uppen*

-ur
à jour
Abitur
Agentur
amour
Architektur
Armatur
Azur
Bravour
Dressur
Dur
Figur
Flur

Fraktur
Frisur
Kandidatur
Karikatur
Kontur
Korrektur
Kreatur
Kultur
Kur
l'amour
Literatur
Makulatur
Mixtur
Müllabfuhr
Natur
nur
obskur
Partitur
Petits fours
Politur
Prozedur
pur
Rasur
Reparatur
retour
Rezeptur
Ruhr
Schnur
Schwur
Skulptur
Spur
Statur
Struktur
stur
Tinktur

Tortur
Tour
Uhr
Velours
Zensur
→ *-uren*

-ura
Angostura
in natura
Jura
Prokura

-urd
→ *-urt*

-ure
Bure
de jure
Flure
Fuhre
Hure
Lemure
obskure
Sure
→ *-ur/-uren*

-uren
Amouren
erfuhren
fuhren
huren
kuren
spuren
verfuhren
→ *-ur/-ure*

-urf
Entwurf
schlurf
Turf
Wurf

-urfen
K-/kurven
schlurfen

-urg
Burg
Chirurg
Dramaturg

-urgisch
chirurgisch
dramaturgisch
liturgisch

-urie
Furie
Injurie
Kurie

-urke
Gurke
Schurke

-urm
Sturm
Turm
Wurm

-urren
gurren
knurren
murren
S-/schnurren
surren
verzurren
zurren

-urst
Durst
Wurst
→ *-urren*

-urt = Gurt
absurd
Furt
gegurrt
gurrt
Spurt
→ *-urren*

-urz
Furz
kurz
Lenden-
schurz
schnurz
Schurz
Wurz

-urzel
Gepurzel
purzel
Sturzel
Wurzel
→ *-urzeln*

-urzeln
entwurzeln
purzeln
verwurzeln
W-/wurzeln

-urzelt
angewurzelt
entwurzelt
gepurzelt
purzelt
verwurzelt
wurzelt
→ *-urzeln*

-us = tu's
abstrus
Blues
diffus
Fuß
Gruß
Juice
konfus
Mus
News
Pferdefuß
Ruß
Schmus
→ *-u*

-us = Kuß
Autobus
Beschluss
Beschuss
Bus
Couscous
Daktylus
Entschluss
Erguss
Fluss
Genius
Genuss
Guss
Intimus
Kumulus
Kuss
Muss
muss
Nuss
Obolus
Omnibus
Pegasus
Pfiffikus
Plus
Radius
Regenguss
Schluss
Schuss
Sozius
Spiritus
Stuss
Überdruss
Überfluss
Überschuss
Verdruss

-usch
Busch
husch husch!
kusch!
Tusch
→ *-uschen*

-usche
D-/dusche
H-/husche
Kartusche
Lusche
Retusche
→ *-usch* / *-uschen*

-uschel
Gekuschel
Genuschel
Getuschel
Muschel
→ *-uschln*

-uschen
duschen
huschen
kuschen
pfuschen
pushen
tuschen
verpfuschen
vertuschen
→ *-usche*

-use
Bluse
der abstruse
Druse
Fluse
Geschmuse
Meduse
Muse
Pampelmuse
Schmuse
→ *-us*

-useln
beduseln
fuseln
gruseln
wuseln

-usen
Busen
schmusen
verknusen
→ *-us* / *-use*

-user
Loser
Schmuser
User

-usig (-ich)
blusig
flusig
schmus ich

-uße
Buße
fuße
Muße
→ *-us*

-ussel
B-/bussel
Dussel
Fussel
Schussel

-usselig (-ich)
bussel ich
dusselig
fusselig
schusselig

-ust = tust
geschmust
Knust
schmust
verrußt
verschmust
Wust

-ust = Brust
August
bewusst

Frust
gemusst
gewusst
just
Liebeslust
Lust
robust
Verlust

-uste = Puste
fußte
Gehuste
huste
rußte
verrußte
→ *-usten*

-uste = Kruste
bewusste
Languste
Manguste
musste
Verluste
wusste
→ *-ust*

-usten = husten
prusten
pusten
sie schmusten

-usten = mussten
bewussten
Krusten
wussten
→ *-ust / -uste*

-uster = duster
Huster
pluster
Schuster
verrußter
verschmuster

-uster = Muster
Baluster
bewusster
illuster
robuster
→ *-ust*

-uster = plustern
Dustern
schustern

-ustern = mustern
Balustern
→ *-uster*

-ustig (-ich)
lustig
musst ich
verlustig
wusst ich

-ut
absolut
Absud
akut
Atrribut
ausgebuht
ausgeruht
Blut
Brut
Disput
Flut
gemut
Glut
Gut
gut geruht
hochgemut
Hut
Institut
Konvolut
krud
Mut
Nut
Rekrut
resolut
Salut
Statut
Sud
Tribut
Tunichtgut

tut/tuut!
Übermut
Wankelmut
Wut
zugut
zumut

-ut
→ *-utt*

-ute
absolute
beruhte
blute
Getute
Jute
Kanute
Knute
Minute
Nute
Pute
Route
Rute
Schnute
Stute
tute
zumute

-uten
beruhten
bluten
computen
fluten
sputen
tuten
überfluten
verbluten
vermuten
→ *-uhen/-ute*

-uter
absoluter
Autoskooter
Bluter
Computer
Puter
→ *-ut*

-utet
angemutet
ausgeblutet
blutet
geblutet
geflutet
überflutet
verblutet
zugemutet
→ *-uten*

-utig (-ich)
blut ich
blutig
mutig
→ *-uten*

-utsch
futsch
lutsch
Putsch
Rutsch

-utsche
Gelutsche
Kutsche
lutsche
Rutsche

-utscher
Dauerlutscher
Kutscher
Lutscher
Rutscher

-utscht
abgelutscht
aufgeputscht
ausgerutscht
lutscht
verrutscht

-utt
Butt
Dutt
kaputt
Liliput
Perlmutt
Schutt

-utte
Butte
Hagebutte
kaputte
Kutte
Nutte
Putte

-utter
bemutter
Butter
Futter
kaputter
Kutter
Mutter
Perlmutter
→ *-uttern*

-uttern
bemuttern
buttern
futtern

-uttert
bemuttert
zugebuttert
→ *-uttern*

-utti
Mutti
tutti
Tuttifrutti

-utung
Blutung

Flutung
Überflutung
Vermutung

-utz
Butz
Eigennutz
Frühjahrsputz
Nutz
Putz
Schmutz
Schutz
Trutz
Verputz
→ *-utzen*

-utzelt
brutzelt
gebrutzelt
verhutzelt

-utzen
Abruzzen
benutzen
beschmutzen
Butzen
N-/nutzen
putzen
S-/stutzen
schmutzen
trutzen
verputzen
verschmutzen

-utzend
Dutzend
nutzend
→ *-utzen*

-utzer
Benutzer
beschmutzer
Nest-
beschmutzer
Putzer
Revoluzzer
Stutzer

-utzig (-ich)
nutz ich
putzig
schmutzig
stutzig
trutzig
→ *-utzen*

-utzt
abgenutzt
angeschmutzt
aufgeputzt
ausgenutzt
genutzt
ungenutzt
verdutzt
verputzt
verschmutzt
zurecht-
gestutzt
→ *-utzen*

-uv
→ *-uf*

-ux
Buchs
Bux
Crux
flugs
Fuchs
Jux
Luchs
Lux
Mucks
Wuchs
Wildwuchs
→ *-ucksen*

-uxen
→ *-ucksen*

-uz
Boots
Kibbuz
→ *-uten*

-uze
duze
Kapuze

-uzen
duzen

-y
→ -ü

Zu guter Letzt ein Dankeschön ...
an die Meisterdichter, die ich für dieses Buch »herbeizitieren« durfte, und an die Verlage, die mir dies gestattet haben: Wilhelm Busch / C. Bertelsmann Verlag, München; Stanislaw Jerzy Lec / Carl Hanser Verlag, München; Eugen Roth / Dr. Thomas Roth, München. Mein besonderer Dank gilt Dr. Matthias Nöllke, München, für zahlreiche Anregungen und seine geschätzte Mitarbeit.

Quellennachweis
Die zitierten Gedichte oder Gedichtausschnitte entstammen den folgenden Quellen. Die Angaben wurden nach bestem Wissen und Gewissen erstellt. Sollte dennoch ein Urheberrecht übersehen worden sein, so ist das ohne Absicht geschehen und wird in der zweiten Auflage berücksichtigt.

Seite 17, 24, 42
Wilhelm Busch: Sämtliche Werke. C. Bertelsmann. München

Seite 18
Eugen Roth: Dr. Thomas Roth, München

Seite 60
Stanislaw Jerzy Lec: Alle unfrisierten Gedanken. Hg. und aus dem Polnischen von Karl Dedecius. Carl Hanser Verlag. München